CHUANGXIN JIHUI SHIBIE YU
JISHU CHUANGYEXING QIYE CHENGZHANG YANJIU

# 创新机会识别与 技术创业型企业成长研究

## ——基于高管团队认知视角

彭中文　夏文彬◎著

中山大学出版社
SUN YAT-SEN UNIVERSITY PRESS

·广州·

**图书在版编目（CIP）数据**

创新机会识别与技术创业型企业成长研究：基于高管团队认知视角/彭中文，夏文彬著 . —广州：中山大学出版社，2023.12

ISBN 978 - 7 - 306 - 07743 - 1

Ⅰ. ①创… Ⅱ. ①彭… ②夏… Ⅲ. ①高技术企业—企业成长—研究 Ⅳ. ①F276.44

中国国家版本馆 CIP 数据核字（2023）第 216677 号

出 版 人：王天琪
策划编辑：李先萍
责任编辑：潘惠虹
封面设计：曾 斌
责任校对：舒 思
责任技编：靳晓虹
出版发行：中山大学出版社
电　　话：编辑部 020 - 84110283，84113349，84111997，84110779，84110776
　　　　　发行部 020 - 84111998，84111981，84111160
地　　址：广州市新港西路 135 号
邮　　编：510275　传　真：020 - 84036565
网　　址：http://www.zsup.com.cn　E-mail：zdcbs@mail.sysu.edu.cn
印 刷 者：广州方迪数字印刷有限公司
规　　格：787mm×1092mm　1/16　12 印张　213 千字
版次印次：2023 年 12 月第 1 版　2023 年 12 月第 1 次印刷
定　　价：38.00 元

　　本书的出版获广东财经大学中观经济学研究中心、广东省哲学社会科学重点实验室"生态环境资源与经济社会系统协同演化实验室"、广东财经大学"一带一路"国际商务研究中心资助

# 前　言

随着全球化竞争的日益加剧，市场和技术的不确定性加大了产品开发的难度，如何在较短的时间内提高技术创业型企业新产品开发项目的成功率，成为目前我国技术创业型企业亟须解决的一个关键问题。创新机会识别作为新产品开发的第一个阶段，决定了新产品的研发方向、研发时间、研发资金和成败，其重要性远远超过新产品开发的其他环节。新产品开发的不可预见性、不确定性以及投入成本大等因素，导致技术创业型企业研发战略难以决策。结合技术创业型企业的成长现状和发展趋势，面对新产品的未来开发方向，高层管理者（简称"高管"）团队必须做出高瞻远瞩的战略抉择，其战略决策正确与否在很大程度上与高管团队的认知水平有关。因此，深入、系统地研究高管团队认知、创新机会识别与技术创业型企业成长之间的关系，是当前我国技术创业型企业快速成长和发展过程中面临的一个重要课题。

首先，本书介绍了国内外技术创业型企业成长的各种模式，并对各种模式的特点进行了分析，根据我国技术创业型企业成长的现状，指出我国技术创业型企业存在自主创新能力不强、高管团队认知水平较低、创新机会识别能力较弱等问题。其次，本书对技术创业型企业创新机会识别的动因进行了探析，构建了高管团队认知、创新机会识别与技术创业型企业成长关系的理论框架，分析了基于战略决策的创新机会识别与技术创业型企业成长机制，阐述了高管团队认知视角下创新机会识别与技术创业型企业成长的逻辑机制；通过选取珠三角、长三角、长株潭地区技术创业型企业为样本，根据相关理论提出研究假设并构建研究模型，采用调查问卷的方式获取第一手数据资料。再次，本书利用 SPSS 24.0 对问卷调研获取的数据资料进行描述性统计分析，以掌握被调查者的背景资料和企业基本特征，并对量表的信度和效度进行了检验；接着对变量进行了相关性分析和多元回归分析，对研究模型和相关假设进行了进一步验证，得出结论，即创新机会的有效识别有利于技术创业型企业的快速成长，且高管团队良好的学习氛围、丰富的学习经历、多样化的职业经历有利于技术创业型企业的快速成长，因此，高管团队认知对创新机会识别与技术创业型企业成长具有调节效应。最后，本书根据实证得出的结论，对我国技术创业型企业快速成长的可行性、实现条件及路径选择进行了分析。通过对高管团队认知、创新机会识别与技术创业型企业成长的深入、系统的研究，本书从政府、行业及企业三个层面提出了富有针对性的对策建议。

本书在吸收国内外有关高管团队认知、创新机会识别与技术创业型企业成长最新研究成果的基础上，试图反映技术创业型企业成长的核心内容，在兼顾高管团队认知与创新机会识别的最新研究成果的同时，还考虑了体系的相对完整性。由于创新机会识别与技术创业型企业成长的相关研究历时较短，有关这方面的理论和方法还不太成熟，笔者在前人研究和相关理论成果的基础上，通过借鉴、引用和发展等研究方法力图构建一个较完整的理论框架体系。在本书的写作过程中，笔者参阅和引用了国内外大量的文献和数据，其中绝大部分都一一注明了出处，在此向各位文献作者表示深深的谢意！如果由于笔者的疏忽有个别未注明来源之处，在此笔者深表歉意！

本书的写作和出版得到广东财经大学有关领导、老师的大力支持和帮助，也获得广东财经大学中观经济学研究中心的资助，在此深表感谢；同时，感谢合作者广州科技职业技术大学夏文彬副教授对第2、3、6、7章内容的辛苦付出，也对参与该书写作，付出大量辛勤劳动的黄晶、沈倩、彭博烨、陈博伦、唐诗婧等学生表示诚挚的谢意，他们在资料的收集与整理等方面做了大量的工作，也参与了部分章节的讨论和写作；中山大学出版社的潘惠虹编辑对此书的完善也提出了很好的建议，在此一并致谢。

最后，由于笔者的水平有限和研究时间较短，本书还存在许多不成熟之处，恳请同行前辈批评指正，以待今后的深入研究。

彭中文

2023 年 5 月于广东财经大学

# 目　　录

# 第1章 导　　言

## 1.1　研究背景及研究价值

### 1.1.1　研究背景

随着全球化竞争的日益加剧，如何在较短的时间内提高技术创业型企业新产品开发项目的成功率，是现阶段我国技术创业型企业成长和发展过程中面临的一个重大课题。创新机会识别是新产品开发的第一阶段，是决定新产品开发方向正确与否的关键环节。

美国波士顿咨询公司（Boston Consulting Group，BCG）对美国、德国、法国、英国、加拿大等国家 399 家企业的业务指标进行分析发现，业绩高增长的企业往往具有强烈的创新意愿，而业绩低增长的企业往往不思进取，迟迟开发不出市场需要的新产品。[①] 随着知识经济的迅速发展，几乎所有的技术创业型企业都认为，仅有良好的生产效率、足够好的产品质量，即使有高度的组织灵活性，也不足以保持市场竞争优势。技术创新正日益成为技术创业型企业快速发展的不竭源泉和内在动力。当前，新产品开发已经成为技术创业型企业创新活动的关键环节，同时也成为提升企业竞争优势的主要途径，而创新机会识别是新产品开发的首要环节，决定了新产品的研发方向、研发时间、研发资金和成败，其重要性远远超过新产品开发的其他环节。

20 世纪 90 年代以来，新兴技术的发展惠及越来越多的领域，加之互联网技术的兴起与发展将人类带入以知识为主导的经济型社会。技术的变革必然引起研发创新以及市场环境的变化，而这些变化巧妙地体现在企业之间的

---

① 参见美国波士顿咨询公司 2013 年研究报告《走在前沿：中小企业在技术与增长方面的领先之道》。

竞争之中。同时，外部环境的种种变化也使得我国技术创业型企业面临更严峻的成长环境，对其产品研发和技术创新的进程和商业化成果也产生了巨大的影响。在日新月异高速发展的经济社会大环境和严峻的市场竞争压力下，我国技术创业型企业在面对严酷挑战的同时也存在诸多发展机遇。

我国技术创业型企业所处市场环境的竞争性日益增强，其研发技术不确定性以及外部需求不确定性也在迅速提高。如何在多变的环境和激烈的竞争下持续不断地开发出适合市场的新产品，获取竞争优势，是每个技术创业型企业非常关注的关键问题。对于高速成长的技术创业型企业来说，要想在短短几年时间内从几十人扩张到几百上千人甚至更大的队伍，提高新产品开发的成功率尤其重要。除此之外，我国技术创业型企业虽然具有敢于挑战、打破传统观念的冒险精神和创新精神，但由于企业规模较小、研发力量较弱，与实力雄厚的大企业相比，技术创业型企业缺乏丰富的技术创新和新产品开发的经验，对于如何将新技术、新概念转变为商业化的成果并没有战略性的部署和决策。这也导致了许多技术创业型企业没有良好的内部治理体系，缺乏科学化的决策机制。同时，以创始人为核心的高管团队作为企业决策中心，较易造成决策过程不规范、不科学，无长远规划等问题，甚至严重阻碍技术创业型企业新产品开发成功率的提升。

另外，随着科学技术的日新月异，移动互联网、电子商务的快速发展，科学技术更新的周期日趋缩短，人们的需求也越来越多样化。大数据时代的到来对计算机、经济、管理、生活等领域产生了非常明显的影响，也为技术创新领域带来了更多值得思考的课题。在新产品开发等技术创业型企业的成长活动中，技术与市场的不确定性正在日益影响着产品构思、研发决策、产品开发、市场商业化等各个环节。各种创新平台和创新联盟的兴起和发展，也给技术创业型企业成长带来了巨大的冲击和机遇。通过技术创新共享发现问题、总结问题，让大量技术和市场数据渗透到新产品研发的各个环节之中，运用先进的技术分析手段，对新产品开发过程进行有意识、有步骤的完善，这些新产品开发管理活动对技术创业型企业高管团队的观念转变和管理创新提出了新的要求。

## 1.1.2　研究价值

近年来"创新创业"成为各领域专业学者研究的热门话题。创新不仅

2

是企业持久生命力的源泉，而且推动了国家经济的持续发展。技术创业型企业逐渐活跃在世界经济的各个领域，越来越多的学者开始更深入探讨技术创业型企业的创新能力以及影响其创新的因素。由于技术环境的不断变化，技术频繁更新，新技术用比以往更快的速度取代旧技术，加之外部环境的复杂多变以及消费者需求的变化，技术创业型企业必须对新产品开发的前期阶段实行优化管理。而创新机会识别作为新产品开发项目的最初阶段，具有很大的市场不确定性、技术不确定性以及项目研发不确定性，对新产品开发的成功与否影响巨大，因此，创新机会的有效识别对技术创业型企业的快速成长越发重要。

在新产品开发过程中的创新机会识别是技术创新理论研究中不容忽视的重要组成部分。然而，理论界并未特别重视高管团队认知对创新机会识别的重要作用，其研究的深度和广度还远远不够；而在实践中，我国技术创业型企业高管团队的短视战略又影响了企业对创新机会的有效识别，从而对新产品开发和企业快速成长产生致命影响。鉴于此，本书依据高管团队认知理论，从高管团队认知的角度对创新机会识别的含义、本质和管理过程进行深入分析，并综合研究创新机会识别过程中各种影响机制以及理论模型，深入系统地研究高管团队认知、创新机会识别与技术创业型企业成长之间的关系，对公司治理与企业成长领域具有极为重要的理论价值。

一般来说，一个新产品开发成功必须经历创新机会识别、新产品开发以及商业化推广三个阶段。创新机会识别因为其诸多不确定性和风险性，所占用的时间也相对较多。如果能够加强创新机会识别的管理，就可以更早地进行新产品研发决策，同样可以加快新产品上市的速度。一些研究报告表明，如果能对创新机会识别进行有效管理，加强创新机会识别对新产品开发的战略计划性，不仅有利于提高新产品开发的成功率，而且可以大大节省新产品开发的时间、节约新产品开发的成本。然而，大多数国内外学者的研究表明，大多数企业在创新机会识别上投入的时间仅为新产品开发阶段和商业化推广阶段的16%，在资金投入量和人力投入方面只有后两者的6%（陈劲、郑刚，2016）。由此可见，新产品开发的创新机会识别，目前并未引起企业真正的重视，离真正的有效管理还有相当一段距离。因此，技术创业型企业必须充分考虑创新机会识别阶段的时间安排，加强创新机会识别的有效管理。

如今，在不确定的技术和市场环境下，技术创业型企业只有不断创新，才能保持持久的生命力，在激烈的市场竞争中形成自己独特的竞争优势，通过产品创新营造核心竞争力，促使企业持续稳定发展。综上所述，本书从高管团队认知的视角，构建创新机会识别与技术创业型企业成长的理论框架，深入分析高管团队认知、创新机会识别与技术创业型企业成长之间的关系。本研究不仅对公司治理与企业成长领域具有重要的理论价值，而且对技术创业型企业的快速成长具有重大的现实价值。

## 1.2　研究文献述评

### 1.2.1　高管团队认知与创新机会识别的相关研究述评

#### 1. 高管团队认知能力与创新机会识别的相关研究

企业对科技知识的强烈关注有利于提高其识别新信息和机会的能力，管理者将所识别的信息和机会内化到组织的研发阶段，随后转化为新产品；然而，新兴科技市场的创新投资往往伴随着较大的风险，需要决策层管理者运用丰富的概念技能实施创新投资战略。可见，处于决策层的管理者对信息和机会的识别在企业研发投资决策过程中起到关键作用（Cohen and Levintha，1990）。企业转型通常伴随着企业文化、组织氛围以及体制机制的变革与转换。在此过程中，高层管理者的认知能力、认知风格会对决策过程中各阶段产生一定程度的影响，进而对企业的创新行为、机会识别产生重要影响。Cools 和 Van den Broeck（2003）研究了认知风格的分类，他们认为，管理者在处理信息时表现出两种认知风格：一种偏向于学习计划型认知风格，强调管理者在决策过程中通过严格的分析和严谨的推论进行决策；另一种偏向于创造创新型认知风格，强调管理者往往不受固化规则的约束，综合各种认知形式做出决策，高管团队成员中的不同认知风格对企业创新活动、机会识别所产生的影响也具有一定的差异性。Salas 等（2004）发现，认知能力在团队协作过程中起着重要作用，认知能力高的团队协作会更好，有利于提高创新绩效。Kaplan（2011）的研究指出，高管认知能力会塑造组织的战略决策，高管对新兴科技的关注可以动员企业的资源，并与企业在研发方面的投资紧密相连。Yasemin 等（2013）发现，认知能力高的团队能把握问题本质做出切实可行的决策，并能有效执行，最终达到战略目标。有学者认为，海归高管团队具有较强的跨文化包容力，以及能在遭遇危机时保持对国际化创新战略的自信，这将给予高管较强的心理支持，减少高管心理韧性资源的低效损耗，强化决策的韧性，确保国际化创新战略的持续实施（Oesterle et al.，2016）。跨国企业进行国际化创新时，会面对母国与东道国之间的制度、技术、文化等差异，这些差异将会使管理者形成对跨境创新的心理距离而对国际化创新产生抵触情绪，海归高管团队的跨文化包容力将为高管在国际化创新决策中提供较大支持（Yi et al.，2020）。高管团队战略知识传播强调团队成员之间的交流和互动能力，旨在提升企业战略知识的深度和广度，进而顺利拓宽企业知识基础；而知识基础观认为，商业模式创新是基于知识的探索性创新行为（Sherf，Parke，and Isaakyan，2021）。

我国学者孙海法和伍晓奕（2003）对近 20 年来国际有关企业高层管理团队（top management team，TMT）的科学管理进行了综述，探讨高管团队的特征、不同文化背景对高管团队认知、企业绩效的影响，分析了企业高管团队建设的研究框架。学者葛玉辉等（2009）在高管团队认知与组织绩效作用机制的研究拓展中，探讨了团队共享心智模型与人力资本的动态演化，在此基础上提出了促进企业绩效增长的新的发展路径。陈守明和唐滨琪（2012）的研究结果表明，当管理决策层对新事物的消化吸收程度较高、对新概念的认知能力较强时，会显著地促进企业研发创新方面的投入，同时引入管理自由度作调节变量，结果表明，当企业高管享有较高的管理自由度时，其认知对企业战略的影响效果将更为明显。赵丙艳等（2016）认为，在复杂多变的外部环境下，高管团队认知能力的高低决定了决策质量的高低，直接影响创新绩效产出。创新战略不同于一般性的目标决策，而是一种风险性更高、信息需求更大的管理活动，决策过程的冲突性、不确定性十分明显，更加需要高管团队的高认知能力以提升创新绩效。在信息筛选过程中，高认知能力的个体能够把复杂的环境简单化，更有助于团队迅速做出决策。此外，高认知能力对战略一致性有正向促进作用，会提升成员在理解和协调方面的行为。宝国坤和余顺坤（2017）以中国中小企业板上市公司为样本，选取 202 家公司近 10 年的数据，以动态视角实证检验并分析了高管团队认知变化对公司绩效的作用机理，结果显示高管团队创新意识、资源配置能力以及管理强度等团队认知指标对企业绩效有明显的促进作用。何明钦（2020）的研究发现，高管团队中"复合型"背景成员占比与企业短期绩效呈正相关，"复合型"背景的成员更能识别市场上的创新投资机会；此外，创新投资在高管团队职业背景与企业长期绩效之间发挥着显著的中介作用。张健东等（2021）的研究表明，在动态组织环境中，高管在其认知范围内通过领导风格、前瞻意识、环境感知、正确决策、战略思维等方式塑造高管格局，进而激发员工自主创新意识与创新活动，形成群体效应，使员工在工作中自觉完成创新性工作，主动识别创新机会，提升企业创新绩效。高管格局要求高管有大局观念，正向促进高管自身及员工的目标导向，随着目标水平的设定越来越高，进而正向促进个体及团队双元学习，使得员工在双元学习过程中不断提升综合能力，增强员工的创新意识与提高员工的创新能力。另外，尹航等（2022）通过引用商业模式创新作为中介变量得出相关研究结论，即高管团队进行战略知识学习、传播和解读、提升认知对企业绩效具有正向影响，以新的视角推动企业创新发展，并深化了对企业绩效提升实现路径的理论认知；而且，创新氛围在战略学习与商业模式创新的关系中也起到正向调节作用。在技术创新方面，余芬和樊霞（2022）在研究中指出，高管对技术创新的认知度越高，越可能提升企业创新持续性；高管对技术创新的认知视角越独特，企业创新持续性明显越强，且二者具有互为增强的效果。

上述国内外的研究表明，基于机会的出现和消失短暂而迅速的特征，机会识别的难度越来越大，提高机会识别的准确率需要企业高管团队具有足够的知识储备和丰富的职业经验，运用其超群的认知能力对潜在的机会进行系统识别。如果高管团队的知识存量大、对新事物的认知水平高，企业往往会表现出较强的创新能力。企业高管对该行业拥有的知识和信息越多，识别机会的可能性就越大，从而越能够让这些特定的机会、资源组合发挥足够的商业价值。

### 2. 高管团队认知异质性与创新机会识别的相关研究

受高管的年龄、学历、职业背景等因素的综合影响，团队成员的认知能力有高有低，认知异质性逐渐加强，其对企业创新的影响日渐凸显，由此引发部分学者对高管团队认知异质性对企业创新行为产生的影响的研究越来越深入。

Kilduff 等（2000）发现，认知异质性高的高管团队比异质性低的高管团队绩效高。高管团队认知的异质性意味着信息来源更加丰富，视野更加开阔，能够识别出更多机会，使同一目标可以有多条路径以供选择。McNamara 等（2002）认为，高管团队认知异质性能够提高团队整体的知识结构水平，提高信息类别量和信息储备量，为技术创新提供智力支持。Douglas 和 Walter（2002）通过对世界 500 强企业进行实证研究发现，TMT 异质性越大，其创新行为对组织绩效产生的影响越积极。Talke 等（2010）认为，TMT 成员的多样性与创新决策显著正相关。高管团队认知异质性能够反映团队成员的个性特征与认知偏好，从而影响高管们的机会识别能力。高管团队认知异质性对机会识别和企业创新创造行为的影响具体表现在高管的年龄、受教育程度、职业经历等方面。从高管的年龄对创新活动及机会识别的相关研究来看，Bantel 和 Jackson（1989）指出，高管团队内部多元化的价值观和对新事物的态度有利于提高团队整体的创造效能，例如团队成员年龄的差异性会带来更多不同观点、新颖意见的碰撞，从而为企业思考未来战略调整带去更多方案。Sessa 和 Jackson（2005）发现，高管团队认知中不同年龄的成员能够形成一种社会关系情景，当团队内部年龄的异质性较大时，有利于拓宽原有的关系情景，从而吸收多样化的观点；当团队成员的年龄增加到一定的极限值，团队整体的知识结构趋于老化，认知能力开始下降，这是由于超过一定年龄阈值的管理者学习新知识的能力逐渐下降，多采取一种较为保守的态度。Rego 等（2019）认为，高管团队成员因拥有更多的资源、更强的影响力和更高的声誉而处于领导地位，权利差距能够为高管带来心理优越感，为其发挥领导能力创造条件，从而有利于企业识别并利用创新机会。同时，高管团队成员具有较强的影响力和较高的声誉，有动机寻找机会展示其领导能力与影响力，从而促进企业创新机会响应。Adhikari 等（2019）发现，年长的高管在营运资金上投入更多，而对研发创新投入有所减少。

我国学者宋敬和张卓等（2022）的研究发现，高管团队认知异质性越高，越能够提升企业数字商业模式创新水平；制度环境越完善，越能强化高管团队认知异质性与企业数字商业模式创新之间的正向关系，而政治关联越强时，所形成的"诅咒效应"则削弱了上述关系。进一步地，对于非国企、成熟期行业的企业，高管团队认知异质性对企业数字商业模式创新的影响更为明显。郭军和麻环宇（2022）的研究认为，高管团队认知异质性有利于企业技术创新，促进内部控制实施，而有效的内部控制有利于企业技术创新。高管团队成员作为企业内部控制制度设立与执行、企业技术创新的决策主体，发挥着至关重要的作用，应注重高管团队成员配置在年龄、学历、社会关系等方面的异质性，提高团队成员思维决策水平的互补，增强企业技术创新效率。

从高管团队教育背景对创新活动及机会识别的相关研究来看，高管团队成员的教育背景往往能够反映管理者的知识存量和认知水平，从而影响企业的战略决策过程，也会影响管理者在解决复杂问题时提出的方案。一般而言，管理者的受教育程度越高，越能从企业的战略全局思考问题，对创新变革的意识也更强烈，同时对信息的理解能力更强，从而在解决复杂突发问题的过程中展现出卓越的管理决策能力。

Tihanyi 等（2000）指出，高管团队成员教育背景的异质性在一定程度上拓宽了企业的业务范围和业务活动的空间范围，有利于企业在国际化市场中更好地适应复杂多变的环境。Carpenter 和 Fredrickson（2001）认为，高管团队受教育程度的多样性对企业开拓全球市场、实现更大范围的战略扩张有显著的促进作用，尤其在不稳定因素激增的环境中，教育背景对全球化战略的影响更明显。Goll、Johnson 和 Rasheed（2008）的研究发现，学历较高的管理者更能全面地考虑企业所面临的外部环境，对于企业战略实施过程中存在的不确定和模糊性因素有较大的包容性，进而应对复杂情景的能力也更强，能够在企业拓宽战略边界时帮助企业进入新的业务领域。Ariel 等（2019）基于高阶理论，通过研究所有美国上市 IT 企业的大数据分析，发现该行业公司的高管队伍学历异质化与企业业绩呈明显负相关关系。Elena（2021）在研究俄罗斯高管团队特征对银行绩效的影响时发现，高管团队内博士学位持有者的百分比和职能专业知识的异质性对银行的财务业绩产生了积极影响。

我国学者曾亚婷和黄珺（2021）的研究发现，高管团队受教育水平对企业技术创新有显著正向影响，企业社会责任在二者关系中起到部分中介作用。进一步研究发现，组织惰性的存在会抑制高管团队受教育水平对企业技术创新的促进作用。高管的年龄、背景对企业创新能力有不同程度的影响。汤萱等（2022）的研究表明，高管团队年龄异质性与企业创新、转型负相关，教育背景异质性、职业背景异质性以及海外背景异质性与企业创新、转型正相关，高管团队异质性主要通过信息披露质量、金融负债杠杆、创新意愿与创新能力影响企业的创新和转型。另外，王蕾（2022）发现，高管团队成员任期、受教育水平和职业背景的异质性与企业创新绩效之间存在正向影响，在群体决策中，发挥高管团队成员之间不同的创新思维、拓宽决策视野，更有利于团队成员制定出提升企业核心竞争力的创新战略。刘萍和武傲凯（2022）的研究发现，企业高管的教育背景异质性和职业背景异质性对企业成长性有显著的正向影响；适应能力在教育异质性对企业成长性的影响过程中发挥中介作用；吸收能力和财务柔性在职能背景异质性对企业成长性的影响过程中发挥中介作用。

从高管任职经历对创新活动及机会识别的相关研究来看，高管团队成员过往的职业经历能够为当前所从事的工作提供一定的知识和经验，而任职经历的多样性也影响了团队的整体认知水平。

Simons 等（1999）认为，职业背景更多样的高管团队，能够将具有技术、法律等多种专业背景的管理者汇集在一起，不同专业背景的管理者也会拥有多样的任职经历，通过跨专业、跨领域管理者观点融合，提供更多信息和新的观点。Jehn、Northcraft 和 Neale（1999）的研究发现，职业背景多样性带来的各种新信息和融汇而成的新观点，有助于防止决策层的短视思维，提高团队整体解决问题的效率，尤其是标准化问题之外的复杂性问题和突发性问题。Reagans 等（2005）指出，在知识密集型产业中，团队过往的职业经历对决策层未来的影响至关重要，因为管理者的职业经历能够帮助组织快速地实现信息和知识的共享，从而增加团队智力资本，融合在一起的智力资本价值往往大于单个成员知识储备的直接加总。Harrison 和 Klein（2007）发现，企业的高管团队可以被看作整个组织信息、知识、创意汇集流通的地方，充当信息转化和处理的工具，而在知识信息和创意的转化过程中，团队成员职业经历的多样性有利于提高观点的立体性，充实整个转化过程，有利于组织的创造创新行为。

我国学者鲁小凡等（2021）的研究结果表明，高管的海外经历能提高企业创新效率，且不同学历层次和专业背景对企业创新效率的影响具有明显差异。而相较于非国有企业，具有海外经历的高管在国有企业任职更能发挥对技术创新的促进效应。同时，有从军经历的高管更倾向企业的战略差异和创新，例如博超等（2021）的研究表明，与没有从军经历的高管相比，有从军经历的高管明显促进了企业采取差异性战略的程度，但这种差异性的创新会受产权性质和高管任期的影响。另外，郑海元和李琨（2021）在研究中发现，创业板上市公司的研发投入与企业绩效之间呈显著正相关关系，高管团队的年龄异质性和受教育水平异质性对于研发投入与企业绩效关系具有负向调节效应，而高管团队的职业背景异质性和海外背景异质性对于研发投入和企业绩效关系具有正向调节效应。李莉等（2022）通过结合双元创新理论的研究发现，绩效反馈不一致的影响主要作用于企业创新中的探索式创新层面，而对利用式创新作用不显著，其作用强度会受到高管团队心理认知改变的影响，高管心理认知在解读绩效反馈中发挥重要影响，进而影响对企业产研销投资决策的驱动因素识别以及优化企业创新激励机制。

## 1.2.2　高管团队认知与企业成长的相关研究述评

20 世纪中期，以 March（1958）为代表的学者在研究中发现，企业中的任何个体，包括高层管理者所做出的任何决策都是以其认知为基础的，而这些认知主要包括设想企业的未来可能发生的事项、对备选项目的知识了解以及选择某个方案后可能出现的状况的考虑。20 世纪 90 年代末期，以 Reger 和 Palmer（1996）为代表的一批学者描绘了高层管理者的认知模型。该模型认为，管理者通过关注环境变化的种种因素，运用其知识和经验进行解读和阐释，并将形成的概念进行心理默化，这一系列的过程就是管理者的认知模式转化为企业战略决策的过程，并深深影响了企业之后的发展和成长，因此在企业外部环境发生变化的背景下，管理者通过对模糊信息的加工和处理塑造了团队整体的认知模式。21 世纪初，越来越多的学者开始对高管团队认知与企业战略决策、企业成长的关系进行深入研究。例如 Cho 和 Hambrick（2006）的研究认为，企业的战略决策走向往往根植于高管对环境关注的焦点和认知经验，他们通过研究美国航空企业的战略变革行动，证明了那些在战略变革中能够抢占先机的高管是因为其对企业的创新性关注更多，从而促使了企业的战略变革。Kor（2006）也通过实证研究发现，高管的认知经验在制定企业战略方案过程中至关重要，通过运用自身认知能力对信息的解读和转化，做出适合企业发展现状的战略决策，当企业面临的外部环境越复杂、变革越剧烈，高管团队认知所起的影响作用便越显著。更进一步，Ocasio（2010）通过总结梳理前人关于高管认知的相关研究发现，管理者的人口背景特征，诸如学历、年龄、职业经历等因素会在一定程度上影响其对环境信息的处理方式，从而形成特定的认知思维，这种认知思维或心智模式会外化于管理者所采取的战略行为和经营决策之中。

**1. 高管团队认知结构与企业成长的相关研究**

在认知研究过程中，许多学者关注到认知结构会造成信息的可获得性与信息处理之间的不匹配性，由此一系列研究指出了特定的高管认知结构在信息识别、信息解读以及对战略行动的指导层面会产生不同的影响和作用，高管团队认知结构与企业成长的相关研究主要集中在以下三个方面。

第一，高管在环境中主要关注到的信息内容和类型与高管的认知结构紧密相关（Barr et al.，1992）。Nisbett 和 Ross（1980）的研究表明，在某些特定的情境中，人们往往最容易回忆起自身认知结构中比较突出的要素和特点，即企业认知过程与企业成长中的高管在面对特定环境的情况下，只会对其自身认知结构所支持的环境要素进行重点关注，或者说只有那些处于突出地位的环境变化因素才能够引起其注意。然而，一些同样比较重要的环境变化要素却不能够被识别（Kiesler and Sproull，1982）。

第二，高管对自身所关注的信息进行解读时依据的是其认知结构。即使环境有一定的变化，高管也捕捉到了这些变化的信息，但是根据其认知结构对这些变化的解读，有可能会认为这些变化不足以让企业进行战略变革。这个时候，外部的这些信息就有可能是无用的，高管也不会把这些信息当作需要变革的信号（Dutton and Jackson，1987）。

第三，高管的认知结构对行动有一定的指导作用（Nisbett and Ross，1980）。高管的认知结构也会影响高管的行动决策，即高管所做的每一项决定、所采取的每一项行动举措都依赖于其当前的认知结构；在他们的认知结构中，拥有一些诸如新概念、新模型等与战略变革相关的要素（Cohen and Levinthal，1990）。Ughetto（2016）以创业团队为研究对象，指出受教育水平的差异会对初创企业的业绩具有抑制作用。Diakite 等（2022）认为，清晰的董事会非正式层级有利于发挥关系治理的积极作用，董事会成员依靠互相信赖的关系进行合作，在一定程度上能够解决正式契约下因对董事会成员之间不信任而产生的问题，抑制机会主义行为，维持组织团队稳定，共同应对创新过程中的不确定性风险。高管团队成员在相互信任的基础上进行沟通，能够有效减少组织内部矛盾，促进企业创新效率提升。国内学者余浩等（2020）发现，高管团队认知交互与创新绩效有正相关关系，而高管的动态能力在高管团队认知交互与创新绩效之间具有中介作用；环境动态性对动态能力与创新绩效的关系有正向调节作用。王维等（2021）认为，高管团队心理韧性对企业成长有显著正向影响；企业探索式创新在高管团队心理韧性与企业成长之间存在部分中介作用；社会连带正向调节高管团队心理韧性对探索式创新的促进关系，当高管团队社会连带水平较高时，高管团队心理韧性对探索式创新意愿的促进作用更强，对企业成长的积极影响更显著。高洪利等（2022）的研究发现，认知结构会影响高管团队对创新机会的判断，投资视野较短的高管团队会低估投资机会的价值，从而减少创新活动，且对探索式创新具有边际递增的抑制效应；当高管团队对技术的熟悉度较高时，可改善项目估值水平，缓解创新抑制效应，促进企业进行更多的探索式创新。另外，市场竞争加剧了高管团队短视的创新抑制效应，也凸显了技术熟悉度对探索式创新的促进作用。所以，只有高管的认知结构与企业的战略变革需求、企业文化和企业发展轨迹相符合、相一致，企业成长运作过程才会更高效。企业在竞争中长期的优势也在于企业的高管对认知结构的调整，甚至可以说企业之间的竞争从本质上来讲是企业高管团队认知结构与认知过程的竞争。

**2. 高管团队认知异质性与企业成长的相关研究**

众多学者从高管团队理论视角来考察高管人口特征因素对团队认知的影响，越来越多的学者关注到团队认知的影响因素，如管理者的年龄、任期、受教育程度、职业背景特征以及这些特征的异质性对高管认知过程和能力产生的重要影响。鉴于此，进入20世纪80年代末期，在高管团队理论出现的同时，有关管理者人口统计学特征与高管团队认知关系的一系列研究层出不穷。Bantel和Jackson（1989）指出，在管理者年龄分布较均衡、年龄差距也比较小的情况下，各个成员之间的相处会更融洽，更有利于培养高管团队的工作默契，提高团队的工作效率，在企业进行决策时意见能够更快地统一，有助于促成战略变革。Boeker（1997）的研究结果表明，管理者任职经历的多元化相当于为组织带去了更多种的思考方式和新的工作氛围，这对打破原有低效的团队工作习惯有重要意义，有助于企业变革的实现。Hambrick等（1996）的研究表明，管理者过往职业经历的异质性在一定范围内能够促进企业创新绩效的提高。Tihanyt等（2000）认为，拥有丰富职业经历的管理者，在企业长期发展过程和创新性变革过程中会起到更为重要的作用。这是由于职业经历丰富的管理者对市场和技术变化的洞察力更强，在创新性事物中能够表现出更好的认知能力。但Knight等（1999）认为，管理者之间的职业背景异质性过大容易在团队内部产生认知冲突，决策的效率也会随之下降，在一定程度上并不利于提高团队工作的效率。

21 世纪初，Henderson（2000）以计算机和食品两个行业为样本，探讨高管团队认知异质性对高管团队认知水平的影响。在其研究中发现，尽管两个行业的市场竞争激烈程度存在天壤之别，但在两个行业中，处于决策层地位的 CEO 的认知异质性都会对整个高管团队的认知水平产生影响，进而影响企业绩效。Ensley（2003）则认为，即使在竞争程度不激烈的行业，高管团队成员个性特征的多样性也会导致整个团队在认知过程产生意见的分歧，然而合理的认知冲突能够激发团队做出正确决策；在竞争程度激烈的产业中，高管团队认知能力和认知结构的差异性却会在一定程度上降低企业的决策效率，从而不利于企业绩效的增长。Richard（2004）的研究发现，当企业处于相对稳定的行业环境中，其内部高管成员的受教育程度和所从事工作内容的多样性，将有利于企业的全球化战略的扩张和实施。Duchek 等（2020）认为，海归高管团队是一种具备国际经验知识和国际社会网络的独特资源，能够提高企业在国际化创新危机中调用高管心理韧性资源的效率，高效生成心理韧性方案以应对国际化创新挑战；较高的供应链集成创造良好的上下游产业环境，是外部创新氛围的关键营造者，均能扩大心理韧性在国际化创新的积极影响。

国内学者陈忠卫和雷红生（2008）对科技型企业的团队认知过程进行了深入研究，结果表明团队内部在认知过程中所产生的种种分歧等因素都会导致认知冲突的发生，而在合理范围内的认知冲突对高管团队价值观的塑造和企业绩效的增长都起到至关重要的作用。石盛林等（2011）将我国制造类企业作为研究样本，探讨团队认知风格和认知过程的态度对企业成长的影响。他们认为，拥有学习型、计划型风格的高管在决策时往往重视对各个环节的细致分析，这类高管将关注点放在工艺创新方面，并以此带动创新活动的全面展开；而拥有创造力的高管在决策时往往重视创造新的产品、开拓新的市场，这类高管属于创造型认知风格，希望通过产品创新来影响企业绩效。李卫宁等（2014）的实证证明，高管团队的认知过程因受到外部环境的影响而对企业的战略变革产生效果纷呈的作用，例如在动态复杂、竞争激烈的环境中，要求企业的战略变革要迅速与环境相匹配，因此管理者的认知复杂性和认知柔性在其中会起到积极作用，企业可利用管理者认知柔性适时调整企业战略。姚冰湜等（2015）的研究表明，基于我国企业发展的背景特征和成长现状，如高管团队内部任职经历有较大的差异性时，将会对企业绩效产生一定的反向影响，不利于决策的高效形成；当 CEO 具有良好的专家权利和结构权利时，能在一定程度上削弱职业异质性对企业成长的消极影响。苏涛永等（2021）在研究中发现，高管团队异质性对企业成长具有正向影响，双元创新在高管团队异质性与企业成长间发挥部分中介作用，行业竞争削弱了高管团队异质性对探索式创新的促进作用，但对高管团队异质性与利用式创新的关系无显著影响；冗余资源增强了高管团队异质性对双元创新的促进作用。另外，孟晓娜和李翔龙（2022）的研究表明，高管团队异质性能够对企业创新活动产生显著影响，高管团队异质性程度越高，企业的创新专利产出越多，发明专利产出也越多；企业的研发投入在其中发挥重要的中介作用，即高管团队异质性程度越高，企业更倾向于提高研发投入水平，最终提升企业的创新程度。

本书从高管团队认知结构和认知异质性视角出发，梳理总结了高管团队认知结构与认知异质性对企业成长、企业战略决策过程的影响，通过上述认知理论的相关研究可知，当企业面对复杂的环境时，高管的认知在促进企业成长能力提升过程中扮演着重要角色，当企业面临市场环境、技术环境的不确定性时，高管们往往根据自己的认知结构做出相应的战略决策，可见高管认知对企业成长与战略能力的积极影响。高管的特质与机会识别和企业成长有关，管理者的认知可以反映个人的风险偏好、价值取向、个人信念等与企业经营战略决策有关的关键性因素，所以通过高管团队的认知可以预测企业的战略决策，从而最终影响企业成长绩效。同时，学者们的研究也充分表明，高管们在自身认知结构和认知模式的影响下，会采取与环境相匹配的战略决策，从而促进企业成长；如果高管们在认知过程中产生一些偏差和分歧，其偏差和分歧也会反映在企业的成长过程中。

## 1.2.3 创新机会识别与企业成长的相关研究述评

近年来，有关创新机会与企业绩效的研究越来越多地受到学者们的关注。研究表明，创新机会识别的本质是高层管理者和企业对于市场、技术等环境的感知，而这种感知能力的高低会通过不同路径对企业成长过程产生影响。

### 1. 创新机会决策与企业成长的相关研究

Dutton 和 Jackson（1987）从动态环境和企业战略决策的视角出发，认为机会的本质就是企业面临的一种积极、正向的环境，高管通过抓住机会进而决策使企业能够从中得到更好的发展，面临机会时，决策者通过采取外向型市场行为来影响企业绩效。Li（2001）认为，企业所处的整体产业环境如果处于增长态势或者竞争呈现敌对态势明显，就会对企业成长和企业经营绩效产生明显的影响，尤其在企业初创时期，产业环境的整体发展走势可以看作创新机会识别的特征，这种特征会结合管理者的知识结构形成一种主观感知。Pandit 和 Wasley（2006）更进一步地指出，在通信产业、生物工程等高端知识密集型产业快速实现智力积累时，企业决策者和高管对机会搜寻、机会识别的过程逐渐重视，因此，公司的创新投入水平得到了显著提升并且促进了企业的成长。Leeetal（2019）采用不同的样本进行分析，认为研发强度作为重大战略因素，对企业绩效具有实质性影响。在创新绩效指标的选取上，有些学者除了选取研究专利申请数、专利授权数等指标，还利用更加直观的指标，包括新产品销售收入和新产品产值。

国内学者林嵩（2006）在先前研究的基础上，提出了基于机会导向的战略决策方案，尤其在我国本土案例中，发现企业在进行创新性活动和行为的过程中，往往受到机会识别过程中的特征影响，根据其特征匹配对应的创新战略，促进企业成长。买忆媛（2009）认为，机会的出现往往意味着新事物、新概念的浮现，明显的创新性质，通过有效识别和研发往往表现为新的技术、新的工艺产品等形式，促成企业强劲的竞争力。郭骁（2011）认为，能够识别创新机会的企业往往先于其他企业进入一个崭新的领域，进行产品创新和工艺创新，通过这种领先优势迅速实现资本积累，由此可知，机会的准确识别对企业成长有积极作用。付宏（2013）的研究认为，对于处在早期成长阶段的新创企业而言，创新机会依然是企业实现成长的先决条件，创新机会开发是企业创立并实施经营的必然过程，新创企业后续的成长取决于机会开发的效果。如果机会识别的过程相对顺畅，并投入到研发阶段中，那么势必能够为企业带来更广阔的发展和有利的优势，但现实情况往往是创新行为会受到环境和资本链的影响，能够实现机会识别并成功开发的案例极少，大多数企业都是从模仿型机会的识别路径进行创新活动的，由此不同类型创新机会所带来的成长条件存在天壤之别。例如刘佳和李新春（2013）探讨了创新型机会开发和模仿型机会开发对企业绩效的影响，将管理者的创新选择与机会开发联系起来，引入管理者的工作经历作为调节变量，结果表明，创新型机会开发与模仿型机会开发均能正向影响企业绩效，但作用效果受条件因素的影响，同时管理者的工作经历在创新型机会开发与绩效关系中起到正向调节作用。蒋樟生（2021）的研究表明，开放式创新有助于提高企业研发投入，且企业获得政府研发补助越多，外部组织越愿意与其进行开放式创新，企业可用于研发投入的内外部资源也越多；企业所在行业市场竞争越激烈，企业越倾向采取开放式创新，以通过与外部资源拥有者合作增加研发投入，保持竞争优势。程华和夏黎翔（2021）的研究表明，技术创新可以促进企业的成长，相关技术多元化显著促进企业创新绩效；非相关技术多元化与企业创新绩效为倒"U"型的曲线关系，当超过最优值时非相关技术多元化会抑制企业的创新产出。

综合上述国内外文献，我们发现，创新机会的识别是企业研发创新活动顺利与否的决定性环节，大多学者在该领域的研究都强调了机会识别为企业创新绩效和产出绩效的增长带来的诸多有利条件。既然机会识别已经成为新产品开发的核心阶段，我们就必须重视管理者对市场、技术等优势机会识别的具体步骤，以及在各个阶段存在的局限和优势，从而帮助企业在创新行为的初始阶段就获得竞争优势。

## 2. 创新机会识别的影响因素与企业成长的相关研究

企业从搜寻、筛选到最终确认创新机会的这一识别过程受到外部经济生态和动态环境的影响。研究表明，市场不确定性、技术不确定性这两个因素在创新机会识别过程中扮演着重要角色，会通过影响创新机会识别来间接对企业战略决策和企业成长发挥作用。

由于市场不确定性、技术不确定性能够影响新产品开发战略和新产品开发成功之间的关系，因此市场不确定性、技术不确定性在这两者关系中存在调节作用。Souder 和 Yap（1994）以高科技电子公司为研究对象，分析影响公司新产品项目成败的因素，通过实证分析发现，市场不确定性和技术不确定性对企业内部新产品开发战略的选择产生较大的影响，当市场不确定性和技术不确定性均较低时，企业应该选择定位战略以利于企业创新机会的识别以及新产品的开发。Akgun 和 Lynn（1998）认为，当企业面对不同的市场不确定性和技术不确定性时，企业应该采取相对应的创新战略来提高机会识别的精准度，提高新产品开发的可能性，缓解市场不确定性和技术不确定性带来的不稳定因素，从而促进企业成长。Song 和 Souder（1997）对日本和美国的电子公司进行对比研究，结果发现，由于市场不确定性和技术不确定性会对市场机会、技术机会的识别产生一定程度的影响，因此企业新产品开发战略的选择需要根据市场不确定的程度来确定，技术研发战略的选择需要根据技术不确定的程度来确定。Souder 等（1998）通过对美国和英国 101 个高科技新产品项目进行研究，发现市场和技术的不确定因素会较大程度地影响企业的研发能力、市场的整合能力以及顾客的整合能力，总的来说，即市场不确定性和技术不确定性对创新机会识别效果产生较大的影响。也有学者对技术不确定性、机会识别与新产品开发的关系持有相反观点，例如 Swnik（1999）通过对 91 个来自不同行业的新产品项目进行实地调查，整理出原始资料实证检验技术不确定性与新产品开发可行性之间的关系，研究结果发现，技术不确定性和新产品开发可行性之间不存在显著的直接影响。但更多学者的研究表明，市场和技术层面的不稳定因素需要在机会识别的过程中和企业进行战略决策时被纳入总体考虑范畴和理论框架。

　　21 世纪后，越来越多的学者将焦点放在考察新产品开发项目时特定行业中市场不确定性和技术不确定性因素对机会识别的影响。例如 Montoya 和 Song（2000）以日本 553 个新产品开发项目作为研究对象，构建了关于技术不确定性与新产品开发之间的理论模型，实证结果发现，技术不确定性不仅影响技术部和市场部之间的合作程度，还会影响项目经理对新产品的重视程度。Yang 和 Lu（2004）将台湾 IT 行业作为研究对象，分析该行业的产品开发过程，并探讨市场不确定性和技术不确定性在市场部和研发部之间共同的作用机制下，是否会对企业绩效产生显著的影响。结果表明，市场不确定性和技术不确定性不仅对创新机会识别产生直接作用，而且对机会识别与企业绩效、企业成长还具有显著的调节作用。Gorss 和 Bstieler（2003）以加拿大 50 家高科技类型的企业作为研究对象，分析该类企业中的 82 个新产品开发项目，研究结果发现从盈利性和效率性方面来说，市场不确定性和技术不确定性不仅能够对新产品的开发项目产生直接显著的影响，而且对新产品开发项目起到缓冲的作用。Bstieler（2005）通过将澳大利亚和加拿大进行比较，研究结果发现，市场不确定性和技术不确定性能够潜在或间接地影响创新机会识别过程以及产品项目开发过程，只是基于两国市场特征的差异，这种影响程度在两个国家的具体情况中也呈现出一定的差异性。周贻和张伟（2022）的研究发现，技术创新能够显著提升企业绩效；国际化程度和企业规模在技术创新与企业绩效之间发挥了显著的正向调节作用。随着企业国际化程度和企业规模的增加，技术创新对企业绩效的促进作用逐渐增强。毕鹏和李盼盼（2022）的研究表明，技术进步路径是推动企业创新发展的重要保障，对企业创新绩效产生重要影响，较高的知识积累水平更有利于自主研发和技术引进发挥正向促进作用，而适度的知识积累水平更有利于合作研发发挥正向促进作用。

## 1.2.4　述评总结

上述文献综述分别从高管团队认知与创新机会识别的关系研究、高管团队认知与企业成长的关系研究以及创新机会识别与企业成长的关系研究三个层面梳理总结了前人的研究。高管团队认知、创新机会识别和企业成长这几个方面的研究并非完全独立的，它们彼此之间存在着紧密的联系。纵观国内外有关高层管理的研究，多数是讨论高管特征与企业绩效、并购战略、多元化战略、研发投资之间的关系，却较少有人利用高管团队认知理论来研究技术创业型企业创新机会识别和企业成长绩效的关系。然而，我国技术创业型企业在初期发展过程中是否拥有一个高效的高管团队至关重要，同时对于技术创业型企业而言，创新机会识别是新产品开发的第一个阶段，也是至关重要的阶段，创新机会识别阶段企业的表现决定了企业日后在市场中的竞争力。因此，本书将运用高管团队认知理论，搭建技术创业型企业的创新机会识别与企业成长绩效的分析框架，基于高管团队认知的视角深入探讨创新机会识别与技术创业型企业成长之间的关系，组织的创新战略选择行为不仅受到企业内外部环境的影响，更是高层管理者认知水平和思维模式的反映；而创新机会识别过程中的各项战略决策必然受到高层管理者个人特质的影响，进而影响最终的战略结果，即技术创业型企业的创新绩效和经营绩效。基于高管团队认知的视角，不同学习经历、工作经历的高层管理者组成的团队，做出的创新项目决策质量往往更高；年轻的管理者更愿意创新，更倾向于冒险。这对于技术创业型企业而言，比较符合其长远发展的人才标准，因此，选取高管团队认知为视角，探讨技术创业型企业的创新机会识别与企业成长绩效之间的关系，不仅能够更详尽地得出战略选择的动因，还能为技术创业型企业的长远发展做出贡献。

## 1.3　相关概念的界定

### 1.3.1　高管团队认知

#### 1. 高管团队认知的含义

在管理研究中，认知具有十分广泛的含义。Weick（1990）指出，认知主要是涉及个人感知、筛选和概念化信息的方式，认知的本质实际上是个人感知信息、对事物的理解方式，并根据这种理解范式来进行管理决策。March 和 Simon（1985）最早开始了管理领域中对认知的探讨，他们在研究中发现，企业中无论是决策层的管理者还是执行层的员工，在对事件进行判断时都会依赖自身的认知模式和知识储备；同时，他们还总结出，组织内部整体的认知包括对于企业发展方向、决策所涉及的信息以及决策后果的思考，这种人人都不可避免的认知模式外化于组织进行信息解读和处理的过程中。管理者在进行决策时受到有限理性的制约，对待复杂问题有时也难以自如应对与全面地理解，可见，基于认知基础的制约而产生的心智模式对于管理者个人的成长和企业的健康发展都至关重要。

高管团队认知的研究对认知的概念有两种界定：一种是以 Adner 和 Helfat（2003）为代表的概念界定，他们提出认知的概念实际上是认知结构和认知特征在决策中的表征，认为高管团队认知以认知柔性和认知复杂性表现出来，即以知识存量为基础形成认知范式和心智模式；另一种对认知内涵的解读是将管高管团队的认知当作一个感知信息的过程，即高管团队搜集信息和处理特定信息的过程。以往对于高管团队认知的研究，或者关注认知过程，或者关注认知结构，能够把两者有机结合起来进行研究的比较少。Meindl 等（1994）在总结组织认知研究应关注的几个核心问题时，专门提到了两者之间关系的重要性，并提出认知过程与认知结构的整合将是未来组织认知研究的重要方向。

基于上述观点，本书对于高管团队认知的定义充分考虑了"认知"这一概念既可以作为一种特定时点的认知状态或认知结构，又能体现出具有一定时间跨度的认知过程的特点，在 Levinthal（2000）的观点的基础上，将高管团队认知定义为：具有特定信念和心智模式的高管团队，基于决策的需要对特定信息的心智处理过程，与基于"向后看"的经验逻辑不同的是，在上述过程中，高管团队对于行动选择与随后结果之间的信念与认知体现了一种"向前看"的智慧。

### 2. 高管团队认知特征的发展

"高层梯队理论"由 Hambrick 和 Mason 于 1984 年提出，他们在总结前人对高管特征与组织战略发展的研究成果之余，从高管传记特征的视角探讨高层管理者与组织战略决策和战略行为的关联。"高层梯队理论"的基本观点认为，高层管理者的个人特征会对企业战略决策及战略行为产生影响，从而影响企业组织绩效，企业所取得的成果可以通过高管团队的特征来有效地预测。因此，要先明确高管团队成员的学习氛围、学习经历、职业经历以及年龄对认知模式和心智模式的作用机理，才能更好地理解高管团队认知模式。

现阶段，国内外学者关于高管认知相关领域的研究已经取得丰硕的研究成果，不断有新的发现和结论，围绕高管认知领域的研究也如火如荼，而这些成果最初是根植于 Hambrick 和 Mason（1984）提出的"高层梯队理论"。他们认为，高层管理者对于企业周围环境、信息和事件的解读方式会潜移默化地形成一种处理信息的习惯，而这种习惯一旦形成将会内化于管理者思维模式中，久而久之产生特定的认知模式，并能够影响企业的战略决策，企业的绩效和成长状态可以看作高管团队集体认知的结果。纵观高管团队认知相关文献，学者们长期以来的研究无时无刻不关注着团队认知过程和如何有效认知这个"黑盒子"（Jackson，1998）。梳理前人的研究我们发现，高管团队认知特征的研究可以概括为三个阶段。

第一阶段研究重心是依托高层管理者的人口背景特征研究高管团队的认知特征。在 20 世纪 90 年代初高管团队理论提出的早期，认知特征和认知过程不易于直接观测，研究者在这一时期以人口统计学特征替代认知特征作为研究的对象，例如高管年龄、受教育程度、任期、性别、职业背景等最先被纳入高管团队理论之中。由于认知特征、认知能力在当时的研究中难以通过精确的变量进行衡量，而衡量人口统计学特征的变量和数据更容易获取，相比之下，利用人口统计学特征相关指标对认知进行考察的成本也更低，因此众多学者选取高管人口背景特征作为认知方面的替代变量。在这一时期，高管团队认知方面的研究多强调高管的年龄、职业、学历等特征对企业绩效、战略变革的影响，随着研究体系的不断丰富和发展，学者们开始将注意力转移到人口背景特征的异质性方面。

　　第二阶段研究是在"高层梯队理论"提出后的 20 年，研究者们开始突破以往只关注高管团队人口统计学特征的研究方式。进入 21 世纪初，随着理论的深化，越来越多的学者对高管团队理论的影响展开了讨论。2004 年，国外学者的研究开始聚焦高管团队的构成、前因及后果的理论视角，同时研究范围也从单纯探讨 CEO 扩展到了整个高管团队，研究视角也实现了从静态的时点模式向动态的过程模式的过渡，理论的发展过程具体如图 1－1 所示。高管团队理论为随后的管理者认知方面的研究和企业家领导能力的研究都奠定了丰厚的理论基础。随着研究的逐渐深入和计量工具的飞速发展，越来越多的学者将目光聚焦团队运作过程，如沟通、信任行为、团队气氛等，并得出管理者背景特征直接作用于团队过程的结论，但对组织绩效的影响是另一条路径。随后，国内众多学者开始结合我国企业的生命周期和成长特点，对高管团队认知进行研究。但这一研究依然存在诸多难点和瓶颈：首先，数据的可获取性偏低，变量间的共线性问题超出正常范围，且无法有效剔除干扰因素；其次，实证研究结论不一致，同一研究方向所得的研究结论千差万别。

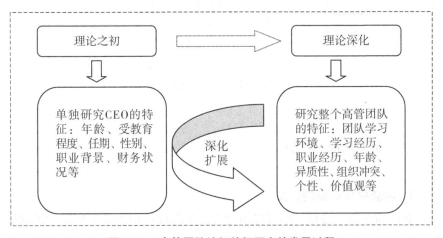

图 1－1　高管团队认知特征研究的发展过程

第三阶段研究引入了共享心智模型，众多研究者广泛关注团队过程、影响认知的因素等，将高管团队理论、高管认知方式、高管团队过程、组织绩效及其认知的影响因素逐渐纳入一个整体的理论框架中，具体如图1-2所示。Marks等（2000）在其研究中发现，团队的沟通过程对心智模型与企业绩效起中介作用，表明心智模型并非直接作用于组织的成长过程和创新绩效，而是通过团队氛围的作用促进效能的提升，进而促进企业成长。共享心智模型依托团队成员知识结构的融合汇通形成新的、更为全面而专业的认知模式，提高管理者在特定情境下面临危机的应对能力，从而促进整个组织"内隐协调"，提升团队效能。综上所述，高管团队内部的共享心智模型和认知模式可以通过直接和间接两条路径对团队效能产生影响。直接路径意味着成员之间的心智模型和认知模式的融合性越高，团队的整体效率越高；间接路径表现为通过沟通、调整等团队运作的过程来提高团队绩效。

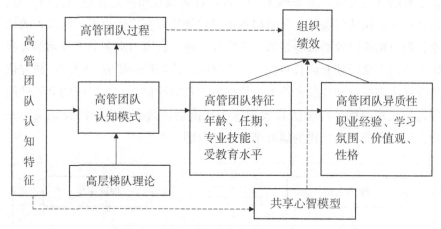

图1-2 高管团队认知的共享心智模型

## 1.3.2 创新机会识别

### 1. 创新机会识别的含义

新产品的开发过程一般可以划分为三个阶段：初始的创新机会识别阶段、正式的产品开发阶段以及最终的市场化阶段。创新机会识别阶段是新产品开发过程中的初始阶段，包括产生创意的想法、得到认可或批准、形成一个产品概念。在这个过程中，企业需要大量的新思路和新观点创造或激发新的理念和气氛从而产生新的想法。产品开发阶段和市场化阶段通常又合称产品开发的执行阶段，这属于正式结构化的阶段，包括产品设计与开发、样品生产和检验以及规模生产和市场化推广。

对于创新机会的理解存在不同视角，众多学者从创新机会的静态视角做出了大量理论研究。例如 Krizner（1973）认为，机会意味着企业能够迅速实现市场价值，通过创新性机会探索出更好地满足市场需求的路径。Ardichvili 等（2003）认为，创新机会意味着潜在的、尚未被充分挖掘的创意价值，因此高层管理者的任务就是挖掘潜在的、同时静态存在的创新机会。从机会识别的动态视角来看，众多学者对创新机会的内涵进行了分析和阐释，并加入管理者个体的特征因素，从而强化了有决策权力的管理者在机会识别中的作用。如 Casson（1982）认为，创新机会可以被认为是发现新的生产方式的端口，一旦探索到这个机会端口，企业就会通过新型的生产模式打造以新产品项目为依托的新型服务和新的原材料等，从而开拓更广阔的市场，为企业创造价值。Shane 和 Venkatarmen（2000）通过研究发现，创新机会的出现会带来一些新的观点，往往表现为一种产品、服务甚至是组织结构的变革与创新，而这种新事物、新概念的注入会在企业的生产过程中产生更为积极且重要的作用，可见动态视角下的创新机会强调机会的动态概念，从探索、搜寻到评估、实施等是一个动态发展的过程，其中除了决策层管理者的参与外，还需要各层级管理者的改进和实施。

本书根据 Lindsay 等（2002）的观点，结合前人在相关领域的研究，重新定义创新机会识别，将创新机会识别分为创新机会的搜寻、创新机会的筛选和创新机会的确认三个阶段，如图 1-3 所示。

阶段 1：创新机会的搜寻。这一过程作为整个创新机会识别信息容量最大的阶段，需要管理者对整个产业所处的系统环境展开搜索和探寻，搜索可能的创意和概念。如果在搜索过程中发现一些潜在的具有发展潜力和开发价值的市场或技术机会，企业就可以进入创新机会识别的下一阶段，即创新机会的筛选阶段。

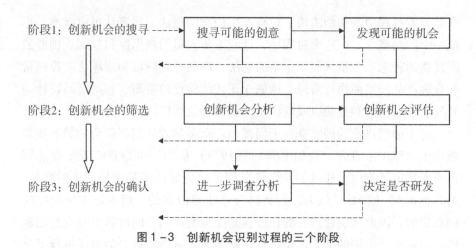

图1-3　创新机会识别过程的三个阶段

　　阶段2：创新机会的筛选。这一阶段，管理者需要从众多创意中筛选出最合适的创新机会，因此，创新机会的筛选实际上是一种狭义的机会识别。具体来讲，这一过程包括两个步骤：创新机会分析和创新机会评估。管理者需要判断整体市场环境的基本竞争态势，并对企业所处的产业环境进行细致的分析，从而判断所识别的机会是否在广泛意义上属于能够为企业创造价值的创新机会。Lindsay 和 Craig（2002）认为，第一步是标准化的创新机会分析阶段；第二步对于企业高管团队和投资者来说，意味着评估这一机会的预期价值是否能够符合组织的业务分布，并带来巨额收益，可以称为个性化的创新机会评估阶段。

　　阶段3：创新机会的确认。创新机会识别的最后一个阶段要求管理者对创新机会进行再调查，运用相对正式的调查程序完成机会确认的"尽职调查"，考察企业内部高管团队成员的构成、知识结构的形态及各项财务因素是否能够匹配确认的机会，从而决定是否进行机会的开发，并吸引投资。

　　**2. 创新机会识别的特征**

　　由于创新机会识别是新产品开发的首要环节，因此其特征主要体现在机会识别过程中对各种模糊性和不确定性的解释上，大部分企业在机会识别过程中采用系统但非正式的方式。Murphy 和 Kumar（2001）用动态的、非结构化的和低正规化的解释来描述创新机会识别的特征。宋晓云和高金玉（2005）认为，机会识别最主要的特征是动态的、无规律的，具有模糊性和不确定性。Brun 和 Saetre（2009）认为，机会识别中的"模糊性"可以通过"不确定性""含义不清楚"和"歧义性"三个词汇来理解，并且认为，创新机会识别具有模糊性的最主要原因是含义不清楚。Frishammar 等（2011）则强调了产品研发过程中机会识别带来的重大影响的歧义性。

随着研究的深入，学者们进一步定义了创新机会识别的模糊性和不确定性。Zhang 和 Doll（2001）将机会识别的模糊性定义为三个方面的内容，即客户的模糊性、技术的模糊性与竞争的模糊性。Kahn 等（2003）认为，存在三种与产品开发相关的不确定性，即技术不确定性、市场不确定性和管理不确定性。Brun 等（2009）从"主题"和"源"两个维度对不确定性进行分类，认为主题的不确定性包括产品、市场、过程和组织资源，不确定性的来源包括多重意义、新颖性、有效性和可靠性。此外，还有一些学者认为，创新机会识别的模糊性和不确定性主要体现在需求的不确定性、所需资源的不确定性、技术的不确定性、竞争环境的不确定性四个方面。

综合相关文献，我们可以发现，学者在有关创新机会识别特征的研究中大量涉及"不确定性""模糊性""歧义性"等词汇，但在对这些词汇具体含义的确定上尚未达成一致。因此，为了进一步了解创新机会识别的内涵，帮助企业管理者更有效地对创新机会识别阶段进行管理，有必要再对创新机会识别的特征进行深入地剖析。本书对创新机会识别的主要特征的研究，主要从模糊性、动态无序性与不确定性三个方面展开。

（1）创新机会的模糊性。

创新机会识别有很多不稳定的、模糊的因素，一般而言，机会的模糊性表现为三个方面：首先，客户需求的模糊性，市场中客户的需求动态变化的可能较大，同时受限于需求表达机制，消费者不能明确表达自己的需求，更有甚者不清楚自己所需，这就会在一定程度上加剧机会识别的模糊性；其次，识别维度的模糊性，由于机会识别的成效往往取决于高管的主观认知，这种认知方式容易导致界线的不明晰；最后，识别对象的模糊性，受制于统计方法和工具，识别过程中的样本特质一旦超过现有统计方法的范畴，就会加剧机会的模糊性。本书从创新机会识别影响因素的角度，讨论了创新机会识别的有效管理的相关思想。

从企业内部影响因素考虑，企业可以从三个方面展开工作。首先，企业要具备一种鼓励创新与创造的文化。这种文化最重要的是鼓励员工提出自己的想法并与他人进行交流，在企业内部形成一种鼓励知识创造的合作氛围，给予企业员工与领导面对面交流的机会，使企业员工之间有一定的合作工作空间与机会，并能参与共同实践，营造一种和谐互助的氛围。其次，企业必须对新产品开发有明确的目标定位。有研究表明，新产品开发创新机会识别的模糊性来源于独立管理部门的独立性（Tushmanand Nadler，1978），只有在企业具有明确目标的前提下，才能使各个相互独立的部门朝着这一共同目标而协调工作；同时可以组建一个 3～5 人的跨职能团队进行新产品开发，并建立相应的规章制度使他们的工作规范化。最后，企业可以实现技术共享。通过路径分析法、技术趋势分析方法进行技术上的准备，建立以核心竞争力、核心能力为主的竞争体制，在整个企业中实现广泛的技术共享。

从企业外部影响因素（顾客、竞争者和供应商等）考虑，企业可以从三个方面着手展开工作。首先，企业可通过市场调查随时了解顾客的需求，鼓励顾客参与新产品思想创造，快速有效地发现顾客需求的原型，从中找出新产品开发的"入口"。其次，企业通过竞争分析方法，了解竞争者能力的大小，制订相应的应对方案，化解相应的开发速度压力。最后，企业要加强与供应商的联系，增加技术的流动性，建立更加可靠的合作关系。

在综合考虑内部和外部因素的基础上，企业还需要建立广泛的信息网络。这不仅能够实现企业内部之间、企业内部与外部之间的信息共享，还能带来产品服务的改善。同时，在进行创意的选择、决策时，企业可以运用多种因素的组合分析方法，如技术成功可能性、商业成功可能性、利润、战略匹配度、战略平衡等进行综合考虑。

（2）创新机会的动态无序性。

创新机会识别是动态的、不规则的。这主要表现为在技术创业型企业不同的发展阶段，企业的创新机会识别阶段有其自身的特点：创新机会识别阶段的主要任务是选择合适的机会，随后根据所识别的机会实施开发，制订产品项目方案，当然需要提前确定市场需求和公司的业务要求。通常，在机会识别过程中，企业要随时准备好应对市场需求的动态变化以及企业所面临的未知环境，可见机会识别的过程实际上也是各种创意进行试错的过程，其失败率也较高（Coper，1993；Moenart et al.，1995；Murphy and Kumar，1997），所以，创新机会识别最明显的特征是动态无序性。同时，产品本身的差异也会导致模型的差异。新产品开发阶段有其独特的特点（见表1－1），因此，对于创新机会识别阶段的管理也应具有相应的策略。

表1－1 创新机会识别阶段与新产品开发阶段特征对比

| 阶段 | 创新机会识别阶段 | 新产品开发阶段 |
|---|---|---|
| 工作性质 | 实验性的，一般是混乱的、瞬间产生的过程。能按时间安排工作，但不是创造 | 具有严格的项目计划和目标定位 |
| 商业化时间 | 不能预测的 | 高度确定的 |
| 投资 | 不确定的。在开始阶段，许多项目都是不太符合投资要求的 | 确定好的预算 |
| 期望收益 | 一般具有较多推测而不确定 | 随着时间的推移，确定性逐渐增加 |
| 活动 | 强调风险最小化的个人或者团队 | 多功能的产品、工艺开发团队 |

（3）创新机会的不确定性。

不确定性是新产品研发创新机会识别阶段最重要的特征，通过降低不确定性，能够大大提高新产品开发的成功率。不确定性是企业完成特定任务所需要的信息量和已拥有的信息量之间的差额。不确定性主要包括市场的不确定性、技术的不确定性及政策的不确定性。研究表明，减少前期的市场与技术的不确定性和制订明确的初步计划，对新产品的开发具有积极作用，对企业产品研发过程创新机会识别阶段的不确定性进行有效管理是新产品成功开发的重要因素。

技术的不确定性通常表现为技术环境和竞争环境的不可预测性。一方面，企业开发出一个新产品往往需要花费大量的时间，在这段较长的时间内，企业面临的技术环境很有可能发生变化，企业由于无法掌握全部的相关信息而很难对技术的变化趋势有一个准确的了解与预测；另一方面，在当今高度竞争的市场环境里，由于高新技术的更新换代加快，研发成果极易被新的技术产品所替代，谁也无法预料如果新的技术比预期出现得早，原有技术将会面临被提前替代甚至被淘汰的危险。信息的不对称性使得竞争企业已经或正在进行的活动具有不确定性。如果企业发现通过自己的努力已经或即将研发成功的创新产品，只是跟随了别人的脚步，失去了抢占市场的先机；那么，在这种情况下，企业就面临着高度的技术不确定性。例如早期使用的技术可能是先进的，但由于产品创新设计过程需要一段时间，当设计完成时，新的技术可能已经产生，从而导致原来的技术过时，被提前淘汰出市场。此外，技术的不确定性还表现在企业技术开发过程中是否存在负面效应，如企业已研发或正在研发的技术是否会带来环境污染、生态破坏等。

市场的不确定性主要是指市场上消费者的需求是不断变化的。近年来，随着国民收入水平和受教育水平的提高，以及社会文化的变化，消费者的消费方式和消费习惯也发生了很大变化，消费者的需求越来越多样化，对产品的选择也更加理性和个性化。这时，企业正面临着相对较高的市场不确定性，因为消费需求是很难预测的，而预测消费需求的趋势则更困难。此外，资金、经济、技术、市场、法规等信息以及人力资源（人及其组织）是产品研发创新的来源和基础，这些资源需求在研发前端同样具有不确定性。

## 1.3.3  技术创业型企业

技术创业型企业主要指依靠创业者技术优势创建的中小规模企业。一般而言，这类创业者拥有某领域或某种新产品的独特技术或专利发明，运用这种技术生产的产品（有形或无形）能在市场上占据竞争优势，获取超额利润。技术创业型企业的特有风险因素主要有：技术的生命周期、技术的可复制和替代性、技术的壁垒是否建立、技术是否申请专利、能否寻求法律上的保护。

技术创业型企业是处于创业期的高技术企业，创业期的高技术企业既区别于成熟企业，又区别于传统的新创企业，主要呈现出以下三个特点。

**1. 技术创业型企业具有很高的创新性，技术要素处于核心地位**

初创期以技术的研究开发为主要经营手段，企业的主要功能和作用是"创新"。因此，技术创业型企业一般都拥有某项创新技术，而此项创新技术就形成了企业的无形资产。对于大多数的初创期企业来说，无形资产在企业资产结构中比重较大。这就是说，要想正确评估技术创业型企业的价值，首先必须正确评估无形资产的价值，而核心人力资本是无形资产中的一个很重要的组成部分。

**2. 技术创业型企业具有高风险、高投入性**

技术创业型企业发展的经营风险主要有技术风险、资金风险、市场风险、管理风险等。技术风险即新产品的技术水平低于市场上同类产品的主流技术而导致产品失败造成的损失。资金风险指技术创业型企业需要大量的资金投入，包括在产品研发及产品商品化的试验和推广、专用设备开发或购置等阶段需要大量的资金，且技术难度越大、越复杂，需要投入的资金就越多。市场风险是因为市场是动态的，市场的不确定性是影响技术创业型企业成功的主要因素。管理风险是由于新产品的成功与否和生产组织、经营管理密切相关。据统计，我国技术创业型企业的成功率尚不足5%（惠祥 等，2021）。

**3. 技术创业型企业发展具有跳跃性**

由于各种高新技术千差万别，一般很难找到行业、技术、规模、环境以及市场都相当的同类企业，初创期技术创业型企业一般盈利甚少或者没有盈利，其企业价值主要来源于依赖未来高技术产品开发所形成的发展潜力。由于高技术产品所带来的创新性和高附加值，技术创业型企业一旦获得成功，其收益会远远高于一般企业，其收益主要来自高技术带来的超额垄断利润、政府对企业的扶植所产生的效益等。并且，技术创业型企业是建立在技术前沿基础上的，基本不受传统技术发展的制约，因此从一般意义上说，技术创业型企业具有跳跃性发展的特点。

# 第 2 章　技术创业型企业成长相关理论基础

创新机会识别（innovation opportunity identify，IOI）作为新产品开发（new product development，NPD）过程中的前期阶段，对于新产品开发的成败至关重要，加强创新机会识别有利于技术创业型企业快速成长。本章主要介绍技术创业型企业成长相关理论，梳理创新机会识别、高管团队认知的相关理论。

## 2.1　技术创业型企业成长相关理论

众所周知，在经济学和管理学这两大学科中，企业成长理论都具有十分重要的地位。企业成长理论经历了较为长久的发展阶段，20 世纪著名经济学家阿尔弗雷德·马歇尔（Alfred Marshall）最早对企业成长规律进行了较为全面的阐述，之后罗纳德·哈里·科斯（Ronald Harry Coase）利用交易费用理论对企业成长进行了分析解释①，伊迪丝·彭罗斯（Edith Penrose）进一步发展了马歇尔的公司内部成长理论，艾尔弗雷德·D. 钱德勒（Alfred D. Chandler）根据现代工商业的发展规律提出现代工商企业成长理论；接着，理查德·R. 纳尔逊（Richard R. Nelson）、悉尼·G. 温特（Sidney G. Winter）基于演化经济学②提出企业成长论，到现代的伊查

---

① 该理论认为，企业和市场是两种可以相互替代的资源配置机制，由于存在有限理性、机会主义、不确定性与小数目条件使得市场交易费用高昂，为节约交易费用，企业作为代替市场的新型交易形式应运而生。交易费用决定了企业的存在，企业采取不同的组织方式，最终目的都是为了节约交易费用。

② 演化经济学主要研究市场竞争中各经济主体的市场变化过程和行为，对应静态均衡的新古典经济学。

克·卡德隆·爱迪斯（Ichak Kalderon Adizes）所提出的企业生命周期理论。从不同的企业成长研究视角，可以将上述研究学术成果划分为两大门类：企业外生成长理论和企业内生成长理论。

## 2.1.1　技术创业型企业外生成长理论

企业外生成长理论认为，企业成长的动力主要来自企业外部，即企业的外部因素会对企业成长产生决定性的影响，特别是外部环境中的市场结构特征。其中具有代表性的成长理论包括新古典经济学成长理论和竞争优势理论。

### 1. 古典经济学中的企业成长论

古典经济学用分工的规模经济理论来解释企业成长问题。1776 年年初，亚当·斯密（Adam Smith）在他的《国富论》（*An Inquiry into the Nature and Causes of the Wealth of Nations*）中阐述了劳动分工理论是增长理论最早的思想来源。亚当·斯密指出了劳动分工对社会发展的重要作用及其原因。究其原因，企业是一种分工组织，即企业作为营利组织的同时也是一个分工部门，其目的在于获得规模经济效益，而劳动分工使得生产成本降低。因此，单个企业的成长与劳动分工程度呈正相关，即分工程度越高，对企业的成长越有利。此外，随着劳动分工的自我传递，新的企业将继续形成，因此，一个国家的经济产业和企业的数量也与劳动分工程度呈正相关。尽管亚当·斯密没有区分社会分工和企业分工，但从他的分工理论中我们可以同时解释国民经济中企业数量增加和单个企业规模扩大这两个范围的企业成长。

### 2. 新古典经济学中的企业成长论

新古典经济学把单个企业看作一个简单的生产函数，认为企业只是一般均衡理论中的一个组成部件。该理论将企业内部复杂的生产管理过程都"抽象化"，并假设所有的实际企业都具有相同的生产行为特征，排除了各个企业之间的差异。温特和纳尔逊（1982）认为，外部因素是决定企业成长的基本因素，企业不断改变生产产量从而实现规模最优化的过程就是企业成长的过程。这个企业成长的过程是假设已知全部约束条件，以利润最大化为目标，以要素最优化为规则的被动选择，企业在整个过程中没有自主选择的机会和能力。在新古典经济学理论中，它设定了一个假设，即在确定的时间内，企业的知识并没有发生改变，所以企业管理服务的供给也是可以确定的。因此，只要经济系统的参数不改变，个别企业的生产就是固定的。如上所述，企业行为的静态设置是平衡分析所必须具备的。经济人之所以有充分的理由不改变问题的性质，是因为新古典经济学理论的个人理性是先天形成的，而不是通过发展的经验得出来的。

### 3. 以竞争优势理论为核心的企业成长论

迈克尔·波特（Michael Porter）在《竞争优势》（*Competitive Advantage*）一书中首次提出竞争优势理论，他认为企业可以通过总成本领先战略、差异化战略以及目标集中化战略这三种战略获取竞争优势，从而在激烈的市场竞争中赢得竞争胜利。波特认为，在企业竞争中的五种竞争力量（竞争者、供应者、购买者、代替者以及潜在竞争者），包含了三类成功的企业战略思想：总成本领先战略、差异化战略和专门化战略。在波特看来，这些战略目标是打造行业内企业的竞争力，使其比别的企业更加优越、更有优势。在某些行业，这意味着企业可以获得更高的效益；而在其他行业，一个战略的成功可能是一个必要条件，以使企业能够获得绝对意义上的微观效益。有时企业所追求的最终目标可能不止一个，但在波特看来，同时实现这些目标的可能性非常小。因为企业不管实施何种战略，一般都需要拼尽全力，而且应该有一个支持的管理组织、企业机制作为战略的保障。如果企业的基本目标有多个，企业所拥有的资源也将被分散。

基于这一理论，波特之后又提出价值链理论①。他认为，企业竞争优势的关键来源是企业对价值链各环节的优化。波特在企业成长理论方面的贡献主要是他运用产业结构的分析方法来分析企业的竞争优势。价值链理论认为，企业所在的产业结构的五种竞争力量会直接影响企业的竞争优势，因此只有基于这五种竞争力量的强弱分析才能制定出符合企业发展和成长的竞争战略。而企业所制定的竞争战略可以通过改变产业竞争结构对这五种竞争力量产生相应的影响，从而进一步增强企业的竞争优势和竞争能力。

---

① 价值链理论是对增加一个企业的产品或服务的实用性或价值的一系列作业活动的描述，主要包括企业内部价值链、竞争对手价值链和行业价值链三部分。

## 2.1.2　技术创业型企业内生成长理论

相对于企业外生成长理论，企业内生成长理论指通过对企业内部的各个因素进行分析，找出影响企业成长的关键要素。支持企业内生成长理论的学者认为，企业成长的动力源自企业资源、企业能力以及企业知识等内生性要素，这些关键内在要素不仅是企业成长的主要因素，而且决定了企业未来的发展程度和成长范围。对现有企业成长理论的学术成果进行总结，可以发现有四种重要的成长理论：彭罗斯的企业内生成长理论、管理者理论的企业成长论、演化论经济学的企业成长论和学习型组织理论的企业成长论。

### 1. 彭罗斯的企业内生成长理论

彭罗斯（1959）进一步对马歇尔的公司内部成长理论进行发展，将研究视角定位在单个企业的内生成长过程。他将单个企业作为研究对象，分析对企业成长产生重要影响的机制，从中搭建了一套研究框架用来分析企业能力、企业资源与企业成长三者之间的关系。传统经济理论中的企业被认为是一个"黑盒子"，实际上，决定企业经济效益和发展方向的坚实基础正是企业的内部资源与企业能力。彭罗斯认为，企业不仅是一个社会管理单位，除此之外，企业还有着不同的目的和作用，而且随着时间的流逝、社会的不断向前发展，企业会表现为由管理决策者决定的生产性资源的集合体。因此，彭罗斯全面分析了企业成长的特点和功能，并将资源和能力作为企业获取持续竞争优势的源泉。在这一理论中，彭罗斯认为，管理资源的极度稀缺是限制企业成长的最核心因素，因此企业想要获得进一步的成长首先需要增加企业的管理资源。如果企业仅仅依赖现有的管理资源，就会因为快速扩展规模导致管理水平无法跟上，造成企业生产效率反而下降。

该理论指出，解决企业稀缺的管理资源的关键路径是对企业内部的例行管理活动和决策活动都制定相应的程序和标准，以此进行惯例化管理。例如，当企业进行积极扩张时，未制定程序的决策往往会产生大量的协调性问题而占用和消耗管理者的时间和精力，而如果对这些管理活动和决策活动进行程序化和惯例化，就会大大节约管理资源，并将节省出来的管理资源运用到其他管理活动中去，能够极大地提高企业的生产经营效率。

### 2. 管理者理论的企业成长论

伯利和米恩斯（1932）通过深入分析探讨经理式的企业目标行为，提出管理者理论。管理者理论中涉及的企业成长论是指，随着现代企业的发展，企业所有权和管理权的分离意味着企业所有者不再像过往一样经营管理公司的实际生产运作过程，公司的实际控制权为公司的管理者所拥有，这导致企业代理问题的出现——企业不再以所有者的利润最大化为经营目标，相反却以公司实际管理者的私人利益最大化为经营目标。而实际管理者的利益获取渠道与企业规模的扩大直接相关，与企业经营利润反而没有直接联系。这形成了企业管理者行为新的特征——企业管理者经营企业的目标是企业成长。通过分析有关学者提出的管理者理论，本研究发现各个观点的共同特点，即企业以不断提高企业成长作为企业的最终目标，并且在这个基础之上，详细分析和研究影响企业成长和稳定增长的各个因素和条件。

### 3. 演化经济学的企业成长论

温特和纳尔逊建立了比较完备的演化经济学理论，特别强调了企业在变化的市场环境中如何运行，以此来解释经济转型。温特和纳尔逊（1982）指出，企业受利益驱动，但不是像古典经济学假设那样，是实现利润最大化的生产者。企业是生产知识和能力的载体，对未来的把握取决于企业对特定知识的积累状况。在不确定的情况下，企业的知识是不完整的，但企业在一定的时间内会积累一定的知识。在环境选择机制的作用下，企业的现有实践或知识基础决定了企业成长的方向和模式。

温特和纳尔逊提出演化经济学的企业成长论。该理论认为，企业的成长和演化过程主要有三种机制：惯例机制、搜寻机制以及选择机制。温特认为，由于经济人的有限理性，管理者基于满意原则，往往会以企业形成的各种惯例来处理问题。1997年，温特和纳尔逊提出，惯例为企业组织内各种技术和能力的总体和集合，换言之，即企业组织能够建立和运行所具备的技能包含了管理制度和规则、运行程序、企业固有的行为方式和习惯、企业所具备的技术以及企业制定的战略。当企业已经形成的惯例出现某些问题时，管理者需要重新寻找适合企业新变化的更优惯例，不断完善企业的惯例机制。然而，由于市场和技术环境等不确定性因素的存在，无法运用事前确定的方法处理经营事务。因此，企业应该通过激励机制来检验企业的竞争功能，并从中选择最优的竞争能力。一般来说，企业的搜寻和选择行为是通过不断发生交互作用而进行的。当两者发生交互作用时，能够促进企业内部生产知识的不断聚集，形成企业所拥有的独一无二的知识资产，包括显性知识和隐性知识。而当企业的知识聚集、企业能力和成长路径产生独特性时，企业就能较其他企业形成自身独有的发展特色，获得其他企业无法拥有的竞争优势，从而使得企业能够不断持续地发展和成长。

### 4. 学习型组织理论的企业成长论

为了获得企业的核心竞争力，学习型组织理论认为，企业应该不断建立和完善企业的内部学习机制，以此奠定企业稳定成长和持续发展的坚实基础。在新的经济背景下，学习型组织理论认为，为了实现企业的持续发展，企业必须提高综合实力，提高企业整体素质；换言之，企业的发展不能只依靠像福特、斯隆、沃森那样伟大的领导者指挥全局，未来真正出色的企业将是能够设法使各阶层人员全心投入并有能力不断学习的组织——学习型企业。

学习型企业的成功应该具备六个要素：一是树立起终身学习的理念和机制，注重养成终身学习的习惯；二是多元反馈和开放学习体系，注重创造各种途径来学习、运用各种方法以及各方面知识；三是形成学习共享和互动的企业氛围，主要靠企业文化的潜移默化；四是实现共同目标的不断增长，主要靠企业共同目标的不断创新；五是要通过工作学习化使成员活化生命意义，激发员工的内在潜力，提升员工的人生价值；六是要通过学习工作化使企业不断创新发展，这主要靠提升应变能力。

David 和 Lucy（1993）提出，无论是传统的 Solow-Swan 成长理论模型，还是 Romer 的通过不断学习而形成的成长驱动模型，这些模型中所包含的每一个步骤都离不开组织学习。新型的成长理论认为，学习是企业成长的内生因素，为了应对市场的不断变化，企业通过投入大量成本促进企业内部不断学习，积累和提高生产管理经验。Dodson（1993）认为，现代企业组织是一个学习的集合体，组织学习作为企业内部有效成长机制，为企业成长提供了内部知识和动力。通过不断的学习和积累，企业组织能够更加充分地了解目标客户的需求，从而开发出符合客户需求的新产品和服务。除此之外，通过不断地学习和经验积累，企业可以制定调整自身的竞争策略以及市场策略。因此，为了使企业能够更加适应外部环境变化和内部资源变化，企业应该通过不断地组织学习来不断完善其发展机制。

## 2.2 创新机会识别的理论基础

### 2.2.1 创新机会识别的基本理论

1995 年，Moenart 首次指出，创新机会识别指产品从形成概念到投入研发的整个前期阶段。1997 年，Rosehtal 提出，创新机会识别指从最初产品构思到产品进入开发设计的阶段。尽管两位学者提出了创新机会识别的相关概念，但是这种表述并非精确完整。Koen（2001）在以往学者研究的基础上，首次较为完善地定义了创新机会识别，他认为，创新机会识别指新产品在还没有正式开发之前所展开的所有活动，如图 2-1 所示。

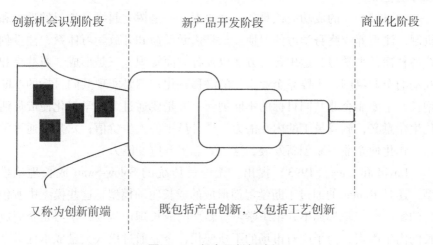

创新机会识别阶段　　　　　新产品开发阶段　　　　　商业化阶段

又称为创新前端　　既包括产品创新，又包括工艺创新

图 2-1　新产品创新过程

Koen 定义的创新机会识别指新产品开发之前，企业所进行的一切关于该产品的组织行为和活动。大多数学者也支持 Koen 这一观点。Koen 将新产品正式开发之前的全部活动划为创新机会识别的过程，有利于企业对新产品的开发、管理和控制。

从总体研究现状来看，关于创新机会识别的主流观点分为两大类：基于过程的观点和基于活动的观点。

### 1. 基于过程的观点

持基于过程的观点的大部分学者认为，创新机会识别可以划分为不同的子阶段，标明各个阶段或时期的先后顺序将有利于企业对其进行管理。现有的基于过程的模型主要分为：两阶段模型、三阶段模型、四阶段模型和六阶段模型。

Griffin（1997）提出可以将创新机会识别简单划分为两个阶段，阶段 0 和阶段 1，其中，阶段 0 代表新产品开发的概念形成阶段；阶段 1 代表新产品开发的项目评估阶段。Tippett 和 Russell（2008）构建了两阶段模型，此模型包含两个过程，即创意窗口过程和项目选择过程，其中创意窗口过程包括战略的选择、机会的选择、标准的确定以及组合优劣分析，从而形成一个较为完善的创意清单；项目选择过程则包括选择、分析和评价三个步骤。

Cooper（1995）在前人研究的基础上提出三阶段模型，他认为，新产品开发前应该包括创意形成、产品概念以及项目评估三个阶段。而 Sandmeier 构建的三阶段模型则比 Cooper 的模型更加完善，他认为，创新机会识别的三阶段应包括市场机会和技术、产品创意、产品定义和初期的发展规划。Khurana 和 Rosenthal（1998）的三阶段过程模型与 Sandmeier 的不同之处在于，他们认为，三阶段应该划分为 0 阶段前、0 阶段和 1 阶段，其中，0 阶段前指市场机会识别和技术分析；0 阶段指新产品定义和概念的形成过程；1 阶段则指制订研发项目规划及最初的执行研究。Postma 对创新机会识别三阶段模型进行了拓展，在 2012 年提出创新机会识别应该包含产品机会的识别和分析、概念的形成、新产品概念的筛选三个阶段。

Boeddrich（2004）通过阅读大量相关文献，提出了新的创新机会识别模型，即四阶段模型，具体包含以下内容：构思规划、构思产生与采纳、构思筛选与执行，以及进一步的新产品概念开发和初步计划。

我国部分学者通过对创新机会识别进行深入研究也获得了丰富的研究成果。何剑锋（2009）通过以产品开发前期的先后顺序作为标准，将创新机会识别划分为平台构建和创意形成，并将这两部分具体细分为六个阶段：研发项目战略的形成、机会分析、机会识别、概念定义、创意产生、创意选择。陈劲等（2005）认为，在创新机会识别阶段，当企业对产品有了初步的概念之后，企业将进一步做出战略决策，决定是否投入有限的资源开发新产品；同时，确立新产品战略并在业务单元内展开沟通、确认和评估产品机会，随即进行产品定义，制订研发项目计划等。

通过对上述的理论观点进行综述，可以发现学者们对于创新机会识别的划分包含相同的阶段，例如机会识别、构思的产生、产品概念的形成；同时，学者们在创新机会识别的起点以及终点的界限方面仍然存在着争议。由此可见，对于创新机会识别的起点是从机会识别开始还是从产品构思开始，至今学术界仍没有形成一致的看法；而对于创新机会识别的终点，学者们大部分持一致的观点——当公司决定正式投资开发新产品时即创新机会识别的终点。

## 2. 基于活动的观点

尽管将创新机会识别划分为三阶段、四阶段、六阶段等较为容易理解，但是仍然有部分学者认为，由于创新机会识别充满着模糊与复杂的过程，因此基于过程的顺序对创新机会识别进行探讨是不合时宜的，甚至是值得质疑的。他们指出对于创新机会识别的研究不应该将重心放在新产品开发的过程上，而应该将重心放在新产品开发的具体活动内容上。

Koen（2001）指出创新机会识别所发生的活动是没有先后顺序的，这些活动可能会同时进行，也有可能会重复发生几次，因此无法对其进行明确的顺序划分。他认为，创新机会识别应该基于活动内容将其划分为五项：新产品机会识别、新产品机会可行性分析、新产品构思的产生、新产品构思的选择以及新产品的定义和技术有效性。Eppinger 和 Ulrich（1995）则认为，由于创新机会识别的活动会在时间方面存在重叠部分，并且部分活动需要重复进行，因此他们指出应该划分为七项内容：识别消费者需求、建立目标规划、生成产品概念、选择产品概念、测试产品概念、确定最终特征、开发产品计划。他们将企业产品战略的规划和新产品市场机会的识别定义为创新机会识别的输入，而将新产品项目的具体实施计划定义为输出，从而构建出创新机会识别的输入—输出模型。

学者们对创新机会识别的全部内容从广义和狭义两个方面进行研究，从而使得有关创新机会识别的理论更加丰富和具有可操作性。广义的创新机会识别主要包含以下方面：企业项目战略的形成、市场与技术评估、产品可行性分析、初步概念的定义、生产和业务计划、思想的产生和选择、机会识别和分析、早期模型、知识和人员交流、测试和市场实验等。狭义的创新机会识别包括整体策略、技术知识和产品概念的执行活动。余芳珍（2005）提出，创新机会识别可以划分为两类：一类是新产品计划和项目开发计划；另一类是创意的提出和创意可行性评估等。宋晓云和高金玉（2005）认为，创新机会识别主要包含四类重要的活动内容：新产品项目形成、新产品市场开发机会的确认、新产品可行性的研究以及新产品相关概念的确定。

总而言之，基于活动的创新机会识别的观点大体上可以总结为四大类：市场机会的识别、产品创意的形成、产品概念的确定以及市场项目的开发规划。企业不应该关注活动过程的先后顺序，而应该将精力更多地放在各类活动具体内容本身。

通过对基于过程的观点和基于活动的观点的研究与综述，本书发现两种观点都有可取之处，基于过程的观点清晰地描述了创新机会识别各阶段，管理者更加容易理解和操作实践；而基于活动的观点对创新机会识别的活动进行了具体的内容划分，有利于企业树立明确的目标，防止新产品开发活动偏离活动预期的轨道。因此，本书认为，如果在以后的研究中能将两者有机结合起来，确定每一阶段可能出现的具体活动，所得到的内涵与理论将对创新机会识别管理起到重要指导作用。

## 2.2.2　创新机会识别的理论模型

### 1. Khurana－Rosenthal 创新机会识别模型

Khurana 和 Rosenthal（1998）认为，基础要素和特定项目的要素能够对创新机会识别的成功起决定性的作用，并且提出了新产品开发模型——Khurana－Rosenthal 创新机会识别模型，如图 2－2 所示。基础要素主要是指企业内部的资源和能力，支撑着特定项目并贯穿整个项目；特定项目要素是指针对单个项目来说，新产品开发团队应该确定新产品概念以及制订新产品项目规划。Khurana－Rosenthal 创新机会识别模型的提出，以及加入企业能力和企业战略等理念，有利于组织内部之间实现知识共享；同时，该模型强调了企业能力和企业战略与市场机会的整合，从而有效地获得新产品概念和新产品项目规划的阶段性成果。然而，由于该模型更多的是关注企业内部的活动，限制了企业与外部市场的交流，而且该模型对于组织内部成员之间的知识共享激励有限，这极大地影响了企业在开放式的环境下的创新效用。

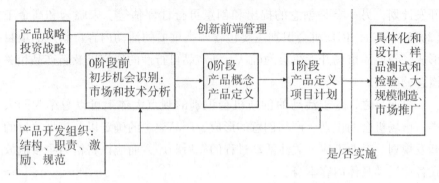

图 2 - 2    Khurana - Rosenthal 创新机会识别模型

### 2. Koen - Ajamian 新概念开发模型

Koen 和 Ajamian（2001）通过以大量的企业创新机会识别活动为研究对象，建立了关于创新机会识别的新模型——Koen - Ajamian 新概念开发模型，如图 2 - 3 所示。该模型由前端要素、引擎和影响因素三个关键部分组成。其中创新前端要素分别包括：市场机会识别、机会可行性分析、新产品创意的提出、创意最佳方案的选择以及产品概念和技术能力；作为前端要素的动力来源，引擎包括企业文化和领导关系；而影响因素则包括企业的经营战略、企业内部的组织能力、企业所拥有的技术能力和目前行业技术能力以及外部市场结构的竞争因素等。Koen - Ajamian 新概念开发模型的可取之处在于它将企业外部环境和企业内部的能力、资源和经营状况有效地进行了整合，并且将企业文化和领导关系作为推动前端要素发展的动力。然而，由于该模型仍然是一个封闭的模型，缺乏与企业外部环境的交流，参与者之间缺乏知识交流和知识共享，导致最终成果局限于产品概念和技术能力的发展上。

### 3. Kim - Wilemon 创新机会识别模型

Kim 和 Wilemon（2010）认为，企业在创新机会识别阶段获得良好绩效的关键有五个因素：委托专业的管理团队或管理人才来领导创新机会识别过程；提供组织支持；掌握创新机会识别模糊性的来源；针对创新机会识别的不确定性建立产品信息系统；建立供应商和合作伙伴之间的关系以减少模糊目标。因此，他们提出了 Kim - Wilemon 创新机会识别模型，如图 2 - 4 所示。Kim 和 Wilemon 指出，该模型的五个要素集中体现了企业资源的能力和企业性质，注重与供应商的合作伙伴关系，在一定程度上体

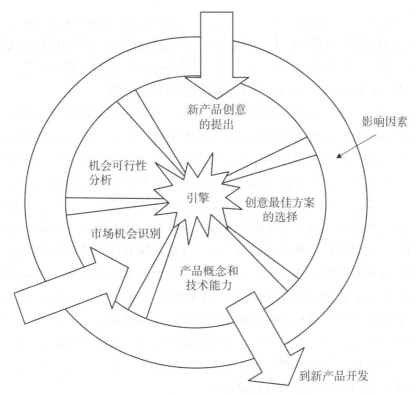

图 2 - 3　Koen - Ajamian 新概念开发模型

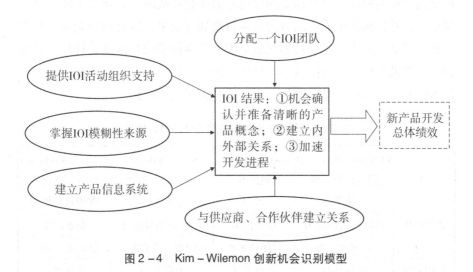

图 2 - 4　Kim - Wilemon 创新机会识别模型

现了开放性特点。然而，该模型具有一定的局限性，Kim－Wilemon 的创新机会识别模型对各种因素之间的影响的关注和对模型的激励机制的关注程度不够，导致模型的使用仍无法充分发挥创新机会识别的整体性能。

### 4. Sandmeier－Jamali 整合创新前端管理过程模型

Sandmeier 和 Jamali（2004）通过分析文献和研究调研企业，创立了 Sandmeier－Jamali 整合创新前端管理过程模型。作为一个双向结构化模型，该模型具有反馈循环的特点，它将机会识别分为两种类型，即机会驱动和市场驱动，并对创新机会识别的活动进行了详细的描述。该模型包括三个阶段：第一阶段是分析技术机会和市场机会，通过一系列的功能输出各种选择，然后通过机会进入下一阶段；第二阶段是确定产品业务理念，关键是产生和评价创新概念，这是市场和技术的阶段性均衡产生的产品创新阶段性结果；第三阶段是制订产品和业务计划，其结果是一个完整的产品概念或商业计划。这种模式注重整合企业的潜力与机会，注重产品与经营理念的平衡，在创新机会识别的过程中形成一个流通系统。这种模式注重对客户、供应商和制造商之间隐性知识转移的整合，是开放的，但该模型同时认为，这一过程是自发的，缺乏有效的激励机制去促进不同群体参与知识共享。

通过对上述四种创新机会识别经典模型的综述，从表2－1可以看出，创新机会识别的经典模型都不同程度地关注企业战略、企业资源能力和市场机会，并且都将形成产品概念和项目规划等成果，这有利于企业提高创新机会识别的效率。经过对创新机会识别经典模型的特点进行比较，发现四种经典模型存在着共同点和差异性，同时也各自存在着优点和弱势，因此本研究可以从中借鉴，取长补短，取其精华去其糟粕。

表2－1　创新机会识别经典模型的特点比较

| 项目 | Khurana－Rosenthal 创新机会识别模型 | Koen－Ajamian 新概念开发模型 | Kim－Wilemon 创新机会识别模型 | Sandmeier－Jamali 整合创新前端管理过程模型 |
|---|---|---|---|---|
| 企业性质 | 战略与组织能力 | 组织能力 | 企业资源与能力 | 企业潜能 |
| 开放性 | 封闭式模型 | 封闭式模型 | 供应商、合作伙伴 | 供应商、顾客 |
| 知识共享 | 内部共享 | 没有关注 | 有限共享 | 关注共享 |

续上表

| 项目 | Khurana – Rosenthal 创新机会识别 模型 | Koen – Ajamian 新概念开发 模型 | Kim – Wilemon 创新机会识别 模型 | Sandmeier – Jamali 整合创新前端 管理过程模型 |
|---|---|---|---|---|
| 整合性 | 战略能力与机会 | 资源、环境、 机会 | 资源、环境、机会 | 潜能与机会 |
| 成果 | 产品定义 与项目计划 | 概念与技术 发展 | 产品概念、 内外部关系 | 产品概念 与商业计划 |

## 2.3　高管团队认知的理论模型

毫无疑问，企业的高层管理者在选择和制定战略的过程中会产生很大的作用。当控制企业内部条件和外部环境等因素不变时，不同的高层管理者由于学历背景、管理经验、个人风格等因素的差异会选择不同的企业发展战略。根据这类现象，Mason 和 Hambrick（1984）最先提出高管团队理论。该理论的研究假设为人不再是经济人，而是具有有限理性的社会人。通过将企业战略选择、管理者特征和组织绩效等因素放入研究框架，重点分析人口统计学特征对组织绩效的作用和影响。其研究结果发现，高层管理者的特征对企业行为产生非常大的直接影响，因此通过对管理者的特征进行分析，能够有效地预测和判定企业的战略选择方案以及企业的绩效水平。现阶段，高管团队理论主要是利用高层管理者的特征对技术创业型企业成长进行分析。

### 2.3.1　高管团队的战略决策模型

高管团队理论在本质上是管理者认知模式作用于组织绩效的理论。如图 2 – 5 所示，企业决策层面临动荡的市场环境，而管理者自身的心理因素，即价值观、认知模式、认知类型、个性等将影响其进行战略分析和定位。通常，年龄、任期、职业背景等这些可以观测的人口统计学特征能够在某种程度上反映其价值观等心理因素，因此可以通过高管团队的人口统计学特征来预测企业的战略选择和组织绩效。不同的年龄、任期及职业背景反映出管理者不同的认知水平和思维模式，实际情境与认知过程中间便会形成一道信息处理屏障。高管团队理论认为，中间的信息筛选是按照一定顺序进行的。首先，高层管理者受自身心理因素的影响，不能够充分了解并分析企业当前战略情景的各个方面，即受有限认知能力的制约；其次，由于选择性认知的不可避免性，管理层将对可感知领域的信息进行选择、加工；最后，合理解释已经掌握的信息，形成对现实的理解，做出最终的战略决策。由图2-5可知，即使是面对相同的战略情境，具有不同特征的高层管理者受自身年龄、受教育程度以及任期、职业经历等因素的影响，也会给出截然不同的理解。综上可知，高管团队理论的内在逻辑强调：管理层心理特质会影响企业战略结果的导向，而个性特征是高管心理特质的反应和表现，在企业发展阶段所处环境和当前战略情景以及决策层个人特征的协同作用下会产生不同的战略选择。

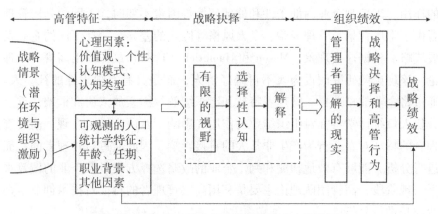

图2-5　有限理性下高管团队的战略决策模型

［资料来源：Hambrick and Mason（1984），Finkelstein and Hambrick（1996）］

## 2.3.2　高管团队认知的结构理论

高管团队认知可以从认知结构和认知过程两个角度进行理解。在以往的研究中，往往一些学者单独研究认知结构，另一些学者单独研究认知过程。随着研究范围的扩大，越来越多的学者开始将认知结构与认知过程相结合，从而研究企业战略决策中管理者认知的作用。不同的学者对认知结构的定义和理解有着一定的差异，Brun（2009）将人的认知结构看作人关于世界的一个内在编码系统，其依据现有的认知结构对新信息进行加工，同时认知结构也是人进行推理活动的参照框架。张国仁等（2010）则将认知结构视为人的知识结构，它不仅包括人所获得的知识本身，还包括知识组织的特征和特点。

随着认知心理学的不断发展，学者们对认知结构逐渐形成了统一的认识。当前，学者们普遍采用的认知结构定义是：认知结构是个体的知识经验结构，是外界信息与个体主观能动在互动中所形成的，同时，知识学习与认知结构的形成也是一个相互作用的过程，并且个体的人格特征、情感意志以及认知策略等对于认知结构的形成与发展也发挥了重要的作用。认知结构特征有两个方面的重要表现：认知柔性（如图 2 - 6 所示）和认知复杂性。

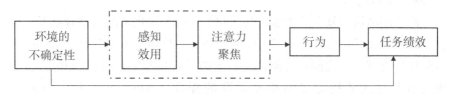

图 2 - 6　高管团队认知柔性模型

Canas 等（2003）从组织管理角度将高管团队认知柔性定义为管理者的认知处理策略适应环境中出现新情况或意外情况的能力。Furr（2010）也持类似的观点，认为认知柔性是指组织成员通过观察、处理和整合新的信息来改变其共享心智模式或识别变革机会的能力。从认知结构的角度来看，认知柔性实际上是管理者或组织成员的心智模式能够随环境变化适时调整的特征。Laureiro - Martinez 等（2009）基于认知神经科学最近的实验证据指出，个人的认知柔性很可能是组织学习与适应环境变化能力的基础性决定因素。他们分析认知神经科学方面的发现后指出，注意力的神经调节可以用来识别和解释个体之间认知柔性的差异。这些发现表明，大脑的前扣带皮层、眶额皮层以及蓝斑核之间的相互作用控制了注意力的神经调节，从而很可能影响个体的认知柔性。在此基础上，他们建立了管理者认知柔性的神经科学模型。这一模型追溯了管理者学习以及随之而来的组织适应的神经性前置因素，即认知柔性是一个循环往复的过程，在这一过程中个体面对特定的情景，感知效用具有不确定性，通过调整其注意力聚焦，能以特定的方式采取行动。在上述过程中，大脑皮层的相关部分会对个体注意力的聚焦产生神经调节效果。个人的行为与情景越匹配，认知的柔性就越高，进而也会表现出更好的累积性任务绩效。

Laureiro - Martinez 等（2009）进一步指出了高管团队认知柔性对于动态能力等研究的重要意义。主要体现在：一方面，管理者的认知柔性很可能构成了企业调节其对战略问题的认知与解释方式的能力基础，具有较高认知柔性的管理者会倾向于采用更丰富和多样化的方式对战略问题进行认知和解释，从而更可能产生应对和解决问题的新颖方案；另一方面，认知柔性还能够帮助管理者妥善处理组织必须面对的探索性活动与挖掘性活动的平衡问题，认知柔性高的管理者往往能够自如运用不同的思维和搜寻方式，因而能够较好地平衡探索性活动和挖掘性活动，进而有利于组织培育一种特殊的动态能力。

高管团队认知复杂性能够反映认知模式的差异化情况与整合状况。认知模式差异化是指嵌入认知模式中的如环境、战略、组织等概念的幅度与多样性（这些概念之间还可能存在一定的矛盾与冲突），而认知模式整合则是指上述这些概念之间相互关联的程度（Nadkarni and Narayanan，2007）。Eisenhardt 等（2010）在总结以往心理科学研究观点后认为，作为高管认知结构复杂性核心特质的"认知多样性"是指存在于一个组织中用于解决问题的心智模型的丰富性，其作用主要体现在：①有助于形成更为丰富的问题解决备选方案；②有助于组织中多元化认知模式的相互结合以提高个体认知的效益；③有助于对多样化本身产生更高的容忍度以增加组织成员对新颖解决方案的接受度。因此，复杂的认知模式可以容纳丰富多样甚至相互矛盾的信息，进而能够通过有效整合信息来增强组织的适应能力。总体来看，高管团队认知复杂性是一个含义更为广泛的认知特征。

### 2.3.3　高管团队认知的过程理论

认知过程的划分有多种理论，其中最为重要的一种是将管理者认知划分为信息搜寻和信息诊断两个维度（王永健，2014）。信息搜寻是认知过程中的环境扫描环节，而信息诊断则是解释环节，有些学者也将信息诊断过程称为意义结构过程。基于决策理论（Simon and March，1957）和高管团队理论（Hambrick and Mason，1984），管理者认知的第一阶段是信息搜寻，它还可以细分为环境感知和注意力配置。基于有限理性假说，企业高管的环境感知能力通常表现为有限的洞察力，而且注意力资源具有稀缺性，注意力如何配置将会对已经获取的信息产生影响，并因此影响决策。注意力配置和信息搜寻是一个交互的过程，企业高层管理者可以先根据目标将注意力分配在特定的方面并进行信息搜寻，也可以在已经搜寻的大量信息中进行有选择的注意力配置。Weick 等（2005）认为，意义建构是指组织依据对内外部环境的认知，建立对环境的集体理解的过程。意义建构可分别体现在个体与组织两个层面（陈文波 等，2011）。意义建构的目的在于面对变化的环境，通过对以往经验的回溯，发现与既有认知的差异之处，并在此基础上通过学习构建新的认知框架，从而对具体情景的意义有一个更为清晰的认知和全面深入的理解，进一步地指导行为。

Pandza 和 Thorpe（2009）把创造性搜寻视为具有未来导向、不确定性增加和打破以往约束的认知过程，目的是有意识地搜寻机会、识别机会和进一步探索机会。Crossan 等（1999）也有类似的观点，他们认为，创造性搜寻意味着组织有意识地搜寻与识别机会，以及整合进一步探索识别机会所必需的知识，高层管理者们往往在创造性搜寻的认知过程中就开始了机会的识别，可见，高管认知过程与机会识别过程息息相关。学者们认为，创造性搜寻的认知过程同样也是创造新知识的过程。这需要组织及管理者具有创造性，拥有创造性的高层管理者会有意识地超越以往的经验，从而产生新颖、适当的结果。创造性认知是非结构化的、不完全的和更具流动性的（Hodgkinson and Sparrow，2002），因而认知过程中更具有创造性的管理者在机会搜寻和识别的过程中会较少受到已经存在的心智模式的约束；同时，强调高管创造性搜寻的认知过程和对创新机会的识别，以及对创新思维的运用，并非否定经验学习的重要性，管理者们过往的经验是其智力资源中的一部分，也是整体认知架构中不可或缺的部分。在创新机会识别的过程中，管理者们不能仅仅依靠创造性，同时也不能忽视过往经验学习作为一种资源对创意性活动的促进作用。

伴随创造性搜寻的另一种认知过程是战略性意义建构，Pandza 和 Thorpe（2009）将其定义为一种对初始意义建构不确定性减少的认知过程，以激发有意识的行动和具有追溯性的意义建构，从而使管理者能够理解新知识的发展及其与商业机会匹配的合适性与有用性。这种具有追溯性的意义建构的认知过程是驱使管理者理解新能力发展内部过程的一种方式，通过这一阶段的认知，机会的模糊性逐渐减小，机会的可辨识性更加清晰，高管知识的升级有利于更准确地识别促进企业成长的创新机会。Pandza 和 Thorpe（2009）认为，创造性搜寻与战略性意义建构这两种认知机制与经验学习之间是互补的关系，两种机制都促进了新知识的产生，但单独来说都不足以解释企业对已存在知识轨迹的偏离。同时，他们指出，创造性搜寻与战略性意义建构的并存及其对能力发展的影响，实际上会受到一系列不同因素的调节。其中，"选择—适应"以及"路径创造"两种变革机制对于理解动态能力的认知机理具有重要作用。此外，他们还认为，在技术密集型领域，区分成熟产业和新兴产业是重要的，创造性搜寻与战略性意义建构在这两类不同产业中将表现出不同的机理。

## 2.4 本章小结

本章主要介绍了技术创业型企业成长的相关理论。

首先，阐述了技术创业型企业成长的相关理论。根据对企业成长问题的不同研究角度，把已有的学术成果分为两大类：企业外生成长理论和企业内生成长理论。企业外生成长理论认为，企业成长的动力来自企业外部，即企业的外部因素会对企业成长产生决定性的影响，特别是外部环境中的市场结构特征。企业内生成长理论认为，企业成长的动力源自企业资源、企业能力以及企业知识等内生性要素，这些关键内在要素不仅是企业成长的主要因素，而且决定了企业未来的发展程度和成长范围。

其次，通过对创新机会识别基于过程的观点和基于活动的观点的研究，发现这两种创新机会识别观点都有可取之处。

再次，详细介绍了国外四种经典的创新机会识别的理论模型，即Khurana – Rosenthal 创新机会识别模型、Koen – Ajamian 新概念开发模型、Kim – Wilemon 创新机会识别模型以及 Sandmeier – Jamali 整合创新前端管理过程模型。本研究试图建立一种全新的模式，将创新机会识别与高管团队认知、企业成长较好地联系起来。

　　最后，全面梳理了国内外关于高管团队认知理论与技术创业型企业成长的相关理论。因此，本书从市场不确定性、技术不确定性两个方面间接地研究创新机会识别和技术创业型企业成长之间的关系。通过国内外的研究发现，大部分学者都是围绕企业高管团队的人口统计学特征，分析高管团队特征对企业战略选择和经营绩效水平的影响的。

# 第3章 我国技术创业型企业的成长现状及问题分析

目前，技术创业型企业在我国经济发展和技术创新中的作用不断增强，尤其对我国就业率和创新产出的影响显著。近年来，政府不断出台新的政策以鼓励技术创业型企业发展，因而研究我国技术创业型企业如何快速稳健成长有重要的意义。本章首先总结我国和西方发达国家的技术创业型企业成长模式及特点，然后在认识我国技术创业型企业成长现状的基础上，分析我国技术创业型企业成长存在的主要问题，并进一步探讨问题背后的原因。

## 3.1 技术创业型企业成长模式及特点分析

技术创业型企业成长对选择特定的成长方式、路径（模式）提出了更高的要求，技术创业型企业成长模式不是一个静态的概念，而是企业随着环境的改变不断调整的动态过程。全球很多企业的持续成长，都是通过不断适应环境的变化、及时变革而实现的。尽管如此，我们依然可以通过对企业成长模式和其特点进行分析，总结出可以借鉴的经验和规律，从而为下文分析我国技术创业型企业成长存在的问题奠定基础。

目前，学术界关于技术创业型企业成长模式的观点主要有三种。

第一种是从大企业与政府的角度来总结技术创业型企业成长模式，主要有三类：跟随大企业的发展而成长；通过政府与企业的协调合作而成长；由政府产业政策扶持而成长。

第二种是根据企业成长的过程来总结技术创业型企业成长模式。钱德勒的企业成长过程理论认为，企业长期成长过程要经历一个由原始的多元化小规模生产到专业化大规模生产，再到多元化持续成长的阶段。

第三种是从企业集群的角度把技术创业型企业成长模式分为四类：市场拉动型、企业孵化型、分工演进型、外来移植型。

## 3.1.1　我国技术创业型企业成长模式及特点

本书基于彭罗斯的资源基础观，根据企业取得成功依赖的主导因素的差别，将我国技术创业型企业的成长模式分为三种类型：①科技主导型——中关村模式；②市场主导型——深圳模式；③政府主导型——苏州模式。我国技术创业型企业成长模式比较见表 3－1，下面分别阐述三种模式各自的特点。

表 3－1　我国技术创业型企业成长模式比较

| 比较内容 | 中关村模式 | 深圳模式 | 苏州模式 |
| --- | --- | --- | --- |
| 驱动因素 | 可转化技术 | 市场需求 | 政府支持 |
| 发动主体 | 大学科研系统 | 民营企业 | 国有企业和政府 |
| 领军人物 | 科学家 | 民营企业家 | 企业家 |
| 要素组合 | 知本＋资本 | 资本＋技术 | 资本＋知本 |
| 技术路线 | 技术—工程—贸易 | 贸易—工程—技术 | 工程—技术—工程 |
| 资本来源 | 银行或单位 | 资本市场 | 银行或单位 |
| 政企关系 | 扶持、不干预 | 联系不紧密 | 联系紧密 |
| 文化基础 | 校园（研发）文化 | 创业文化 | 政策导向文化 |
| 发展趋势 | 知识资本化 | 资本知识化 | 知识、资本共深化 |
| 创新模式 | 自主与模仿相结合的内生型创新 | 引进与消化相结合的外生型创新 | 自主创新和协同创新 |

### 1. 科技主导型——中关村模式

中关村模式是以科技为主导的驱动模式，这种模式是企业以该地区丰富的智力资源为基础，研发以市场为导向的科技成果，进而演变成高科技中小型企业。这类企业往往通过自主研发或与科研院所、其他企业进行合作研究等办法以获得科技研发成果，凭借核心技术获取市场。这类技术创业型企业具有以下三个方面的特点。

（1）丰富的技术创新资源。企业注重技术积累，具有丰富的技术创新资源，如新创企业的企业家多数是科技专家，往往具备扎实的科研实力，因而具备技术研发的优势。科技行业竞争激烈，中关村的技术研发的优势更加突出。企业的组织文化以效率、合作和持续技术创新为导向，既有高效率的内部创新网络，也对外创新合作。企业在中关村有众多可合作的、科技实力雄厚的科研机构，如北京大学、清华大学、中国科学院等。

（2）敏锐的创新机会识别能力。企业往往通过及时捕捉技术创新浪潮、监测和评价新技术的发展来研究、开发和孵化全新技术，以持续获得新的利润增长点，因而重视对创新机会的搜寻、筛选和确认。

（3）明显的区位优势。一方面，企业地处资金实力雄厚的北京，风险资本相对最为活跃，中外风险投资机构众多，且管理着上百亿的创业资本，这为技术创业型企业将科学实验成果转变为生产力提供了有力的资金支撑；另一方面，企业处于国家中央政府所在地，具有许多便利的政策优势，拥有较为宽容的创业环境和企业成长条件。

**2. 市场主导型——深圳模式**

深圳模式是以市场为主导的成长模式，同时依托极其有利的国家政策和外放型政策。这种成长模式的企业大多是非国有企业，具有较强的市场意识和资本运作能力，主要靠自主创新和模仿创新，对政府的直接政策依赖程度不高，企业具有较大的自主经营能力和灵活性。在市场经济的导向下，企业依托政府政策环境的支持，从市场的需求来发现创新机会，引进和开发新技术和新产品。深圳模式主要具有以下三个方面的特点。

（1）市场化的创新资源配置。政府的政策主要是间接性的，并不直接干预企业科技创新，政府主要致力于弥补市场缺陷，为中小科技企业营造公平的科技法制环境、提供基础设施服务和激发创新活力。

（2）由模仿到自主创新。由于这一地区的很多中小企业的创新驱动力主要来自市场的需求以及对市场未来发展方向的把握，很多企业很少从事大型的基础性的研究。另外，市场和新技术的更新变化加快使得企业在资源受限的情况下，选择相对简单、见效快的创新方式——模仿创新，即主要依靠对外部技术的模仿和学习，在此基础上进行改进和自主创新，再经过长期的积累和消化吸收，促使企业技术力量的不断增强和自主研发能力的不断发展。

（3）从区位优势来看，深圳作为国家的证券交易所所在地，创业资金和风险投资资金活跃，有利于促进高科技产业和资本市场的合作及相互推进。因此，深圳取得了高新技术产业的快速发展，同时高技术产业集群产生的带动效应也日益明显，培养出众多的技术创业型企业。

### 3. 政府主导型——苏州模式

苏州模式是以政府为主导的企业成长模式，这类企业由政府主导创新资源配置。政府为了贯彻和实现国家的总体科技战略，直接深度参与企业的创新活动。这类中小企业很多是由政府强力扶植起来为产业服务的，从事着政府想要重点发展的领域，如 IT 制造业等高新技术产业。这些企业受到政府部门的调节或直接控制，能受到政府各方面的支持并有政府共担风险。政府主导的技术创业型企业成长模式一般具有以下三个特点。

（1）政府深度参与企业创新活动。政府可以直接组织重大科技研发，采取直接资助的方式，为企业的科技研发项目调配资源，大到企业的创新战略、资源配置的总体规划，小到企业的技术突破重点，政府与企业共同决定，并能够集中"官、学、民"等各方力量。

（2）企业对政府过分依赖。由于政府的参与，企业生产、投资范围都受到一定的限制。

（3）政府支持力度大。企业依赖优惠政策吸引人才，引导世界科技成果向本地聚集，以优惠的政策向海外引进一大批高科技企业，并充分利用当地的土地、人力等优势，实现社会经济的快速发展。苏州市市政府致力于营造科技型企业的发展，实行宽松的财政政策和货币政策，同时加强维护健康的市场竞争环境，建立和健全基本生活设施和人才培养方案，以及加大人才的储备和开发，为当地企业源源不断地提供优秀的科技人才，促进企业创业和技术创新。

## 3.1.2　西方发达国家技术创业型企业成长模式及特点

### 1. 硅谷模式

在全球技术创业型企业发展中，最具影响力和成功典范的模式是硅谷模式。研究硅谷模式的专家罗文教授的一项研究指出，硅谷的高科技产业基地已吸引了大量的科技型企业，硅谷特有的文化、制度、人才、创业精神和外部环境等资源特别适合技术创业型企业的成长。

同时，大量的风险投资机构为技术创业型企业提供了一个良好的资金支持体系。首先，鼓励冒险、激发创新的文化为许多梦想者提供了适宜的土壤，有助于技术创业型企业的萌芽；其次，完善的信用体系和健全的市场规则为硅谷提供了完善的社会经济环境；最后，竞争中寻求合作、开放的创业氛围，推动着技术创业型企业不断成长壮大。所以，硅谷已经成为全球科技型企业的聚集地。

硅谷的特殊优势突出表现在八个方面：①有利于技术创业型企业成长的市场规则；②知识、智力高度密集；③人才资源丰富且流动性高；④有创业的激情、冒险精神和允许失败的社会环境；⑤有开明、积极活跃的创业环境；⑥科研合作机构众多；⑦生活水平高、生活环境舒适；⑧专业经营设施齐全（包括金融公司、律师事务所、会计师事务所、营销和租赁公司、设备制造商、零售商等）。这些优势条件相互配合，共同推动技术创业型企业的成长壮大。

**2. 波士顿 128 公路模式**

其他技术创业型企业成长模式中具有典型代表的是波士顿 128 公路模式。这类企业往往是利用独自创造的高新技术发展起来的，公司一般依靠自有的核心技术逐步发展壮大，风险投资在其成长过程中起了重要作用。它与硅谷地区的发展模式有相同点，也有不同之处。在技术研发方面，这两个地区都有著名的高校和科研机构提供研发创新支持，但他们在企业特点、开发主体、创新基础、发展路径、金融支持、政企关系、产学传统和文化环境方面各有特点（见表 3-2）。

表 3-2　硅谷模式与波士顿 128 公路模式比较

| 比较内容 | 模式 | |
| --- | --- | --- |
| | 硅谷模式 | 波士顿 128 公路模式 |
| 企业特点 | ①力图把企业建成不存在社会差别的共同体，使每个成员都把共同的目标转化为自己的个人追求；②实行灵活的工作制，让职员拥有一定的公司股票 | ①大公司具有分散的自给自足的组织结构，工业体系建立在独立公司模式上；②偏重于企业内部的技术改进，对市场信息不敏感；③在实验和学习中不提倡自由全面的讨论 |
| 开发主体 | ①企业家精神主导着企业的创新活动；②创业者敢于承担风险，具有强烈的敬业精神 | 主要是一些特殊的研究机构，如大学、研究院、大型企业的研究所等 |

续上表

| 比较内容 | 模　式 | |
| --- | --- | --- |
| | 硅谷模式 | 波士顿 128 公路模式 |
| 创新基础 | ①没有产业基础；②具有开放式创新传统 | ①有雄厚的产业基础和科教资源；②地区创新具有封闭性 |
| 发展路径 | 市场需求推动型产业化路径 | 技术推动型产业化路径 |
| 金融支持 | ①硅谷是风险投资最活跃的热点地区；②风险投资和股票期权是支撑该地区高技术企业成长的两大支点 | ①以联邦政府的国防支持基金作为主要的融资通道；②风险资本只是一种补充 |
| 政企关系 | 崇尚自由，市场导向 | 同政府的关系密切 |
| 产学传统 | 强化企业之间、企业与本地区之间合作的传统 | 技术研发内部化，偏重于国防，以政府和成熟的大公司为导向 |
| 文化环境 | ①勇于进取和敢于冒险；②创新和创业文化培育了充满活力的、竞争力强的企业 | ①等级森严、僵化、保守、封闭；②鼓励稳定、自力更生的地区文化 |

通过对不同的技术创业型企业成长模式的梳理，并分析其共性和特点，企业可以选择并借鉴适合企业自身情况的成长模式。

# 3.2　我国技术创业型企业的成长现状分析

通过对近年来我国技术创业型企业成长数据分析，我们可以从以下几个方面总结我国技术创业型企业成长的现状。

## 1. 企业高管团队的工作经验较丰富

技术创业型企业的高管团队素质可以从年龄、受教育程度、工作经历和社会关系等方面来看。2021 年，《经济日报》发布的《创业企业调查报告》显示，企业高管团队的相关工作经验较为丰富。从调查到的数据可知，曾在企业的相关部门、政府部门工作过的高管人数占比分别为 43.31%、13.77%，曾经有过创业经历的高管占 42.61%，没有工作经历的高管仅占 0.03%。从高管团队的社会关系看，其亲戚朋友中既有企业家也有政府职员的高管占 42.02%，只有政府职员的占 40.52%，只有企业家的占 1.90%。在这样的社会环境中信息较为丰富，便于高管团队获得工作相关经验、创新合作伙伴和政府补助等信息。在技术创业型企业中，高管团队的年龄跨度较大，被调查企业的高管团队其成员的年龄跨度为 20～78 岁，团队主要构成为中青年，但年龄分布较为分散。其中，36～44 岁的创业者占 39.60%，26～35 岁的创业者占 35.40%，两个年龄段的比重较为接近。高管团队的受教育程度呈正态分布，被调查企业中有 88.50% 的高管接受过大专以上教育，其中 52.30% 的高管最高学历为大学本科，仅有 18.30% 的高管接受过硕士及以上教育。① 从中可以看出，技术创业型企业高管团队总体的受教育水平较高，精英人才的比重也有所上升。

### 2. 企业的生长率与死亡率都比较高

改革开放以来，中国技术创业型企业一直保持快速、稳定的增长，已经成为高新技术产业化中的主力军，在高生长率的背后也存在着高死亡率的难题。2020 年，仅北京中关村平均每天就有 72 家技术创业型企业诞生。据统计，目前中国中小企业约有 4800 万户，占全部注册企业的 99.8%。其中，技术创业型企业已超过 40 万家。2021 年，沪深两市 3700 多家上市公司中有近一半属于技术创业型企业，创业板高新技术企业占比超过 9 成。②

中小企业有着较高生长率的同时，也有着较高的死亡率。在美国，新创办的技术创业型企业的 4 年存活率为 50%，8 年存活率仅为 30%。在我国，据有关部门统计，目前 68% 的中小企业生命周期都不超过 5 年，平均寿命只有 2.9 岁，每年有近百万家企业倒闭。上海的技术创业型企业寿命一般只有 3 年半到 4 年，北京中关村类似企业 5 年以上存活率也不超过千分之四。2019 年，在中国的 4000 多万家中小企业中，平均每分钟就有 2 家企业倒闭，企业的 5 年以上存活率不到 7%。③

---

① 参见创新型创业企业研究课题组《＜创业企业调查（三期）报告＞发布——创新创业氛围浓厚 人才资金仍是难题》，见新浪网（https://finance. sina. com. cn/jjxw/2021 – 02 – 23/doc – ikftssap8266376. shtml）。

② 参见许诺《工信部：截至 2021 年末，全国中小微企业数量达 4800 万户》，见新浪网（https://finance. sina. com. cn/jjxw/2022 – 08 – 30/doc – imizmscv8381027. shtml）。

③ 参见佘彦飞《企业的"平安夜"如何度过？》，见今日头条网（https://www. toutiao. com/article/6503148927192138253/）。

### 3. 企业的经济贡献率较高

技术创业型企业作为数量庞大的经济参与主体，对国家经济增长的贡献率较高。国家市场监管总局发布的全国中小型微型企业发展报告显示，截至 2021 年年底，我国中小企业数量已达 4881 万家，比上年增长 8.50%。中小企业由于其投产迅速的特点，对新增就业有显著的贡献。据统计，我国中小企业解决了 1.5 亿人口的就业问题，新增就业和再就业的 70% 以上岗位集中在中小企业，中小企业是吸收就业的主力军。作为我国经济发展的"轻骑兵"，中小企业的总产值、销售收入、实现利税分别占中国经济总量的 60%、57% 和 40%，中小企业创造的最终产品和服务的价值占我国国民生产总值的一半左右，提供了 75% 的城镇就业机会。在 20 世纪 90 年代以来的经济快速增长中，工业新增产值的 76.70% 来自中小企业，中小企业成为拉动经济的新的增长点。[①]

目前，虽然我国技术创业型企业的数量占中小企业比重非常低，但他们在科技产出上的贡献却非常大。据国家知识产权局统计，中小企业完成了 65% 的发明专利和 80% 以上的新产品开发，我国的发明专利中将近 70% 是由中小企业申请注册的，高新技术产品中将近 80% 是由中小企业开发的，而这些又大都是技术创业型企业的贡献。[②]

### 4. 企业经营状况不容乐观

技术创业型企业受市场规模、行业竞争强度等因素的影响，企业经营状况不容乐观。《2021 年创业企业调查报告》数据显示，2021 年内 43.20% 的被调查企业利润为 0 或处于亏损状态，2021 年一季度，部分企业利润状况有所好转，但仍有 33.40% 的企业处于亏损状态。技术创业型企业对经营状况的满意度调查结果表明，所有者对企业经营状况的满意度一般。53% 的被调查企业认为目前经营状况一般，11% 的企业对目前经营状况不满意，对经营状况满意的企业为 35%。[③]

虽然技术创业型企业在建立初期的整体经营状况不太乐观，但仍有

---

① 参见赵建华《发改委主任：中小企业已成拉动经济增长重要力量》，见新浪网（http://finance.sina.com.cn/roll/20040624/0857831407.shtml）。

② 参见马丽《小微企业存活率仅 3.7 年 国家知识产权局出台意见帮扶》，见人民网（http://ip.people.com.cn/n/2014/1010/c136655-25806057.html）。

③ 参见经济日报社中国经济趋势研究院《创业企业调查报告》，见 360 文库网（https://wenku.so.com/d/d635e52aad645dac570f7ddc0e5d8c2d）。

60%左右的企业的利润总额处于明显的增长态势，显示出较大的发展潜力。从调查数据可以得出，2021 年内有 57.80% 的被调查企业的销售收入有一定的增长，销售收入实现了正增长的占比达 82.60%，59.20% 的企业销售收入增长率超过 30%，182 家企业销售收入增长率超过 100%。①

### 5. 企业研发投入不断增加

企业研发投入仍然在持续增长，体现了技术创业型企业有较强的自主研发意愿，但近年来增速有所下降。2014 年，中国技术创业型企业研发支出在全社会总研发支出中占比达 76%，而到了 2018 年，有 89.50% 的企业研发经费增速低于 30%。从总体情况来看，约 70% 的被调查企业的研发经费仍在持续增长，将近 60% 的企业的自主研发支出处于 50 万～100 万元之间，该年内平均自主研发支出约为 100 万元，研发经费高达 500 万元以上的企业仍有 2.10%。技术创业型企业研发人员占比整体较高，2021 年，60.30% 的企业研发人员占比超过 10%，其中 27.70% 的企业研发人员占比超过 50%。②

虽然中国科技企业越来越重视对研发的投入，但是技术创业型企业拥有专利的比重仍然较低。据 2021 年的一项调查结果显示，全部技术创业型企业平均拥有 2 项专利，85.50% 的企业没有发明专利，82.40% 的企业没有非专利技术，88.30% 的企业未参与行业、国家或国际标准的制定，94.80% 的企业不曾拥有国家或省部级奖项。③

### 6. 中小企业主要集中在各类产业园区

改革开放以来，我国中小企业的分布已呈现明显的园区发展趋势，特别是珠三角、长三角等地区更为明显。目前，我国的高新技术园区为激发创新创业活力，在培育高新技术产业化主体和营造创新发展环境方面取得了较好的成果。2022 年，科技部在北京举行国家高新区总体发展情况专题发布会，从公布的数据可以看出，我国高新技术开发区均呈现出良好的

---

① 参见经济日报社中国经济趋势研究院《创业企业调查报告》，见 360 文库网（https://wenku. so. com/d/d635e52aad645dac570f7ddc0e5d8c2d）。

② 参见经济日报社中国经济趋势研究院、中国社科院数量经济与技术经济研究所《创业者群体调查：创业主体年龄跨度大 高级人才仍欠缺》，见中国日报中文网（http://qiye. chinadaily. com. cn/a/202102/23/WS603464a4a3101e7ce97409ac. html）。

③ 参见经济日报社中国经济趋势研究院、中国社科院数量经济与技术经济研究所《＜创业企业调查（三期）报告＞发布——创新创业氛围浓厚 人才资金仍是难题》，见新浪网（https://finance. sina. com. cn/jjxw/2021－02－23/doc－ikftssap8266376. shtml）。

发展势头。

在经济发展方面，截至 2021 年年底，173 家国家高新区园区生产总值达到 15.3 万亿元，占全国国内生产总值比重达 13.40%；国家高新区出口创汇（2.8 万亿元）占全国外贸出口的比重为 19.70%。2022 年 1 月至 7 月，国家高新区工业生产总值达 17.5 万亿元，同比增长 8.10%；营业收入达 27.4 万亿元，同比增长 7.10%。

在科技创新方面，截至 2021 年年底，国家高新区研究与试验发展（research and experimental development，"R&D"，中文简称"研发"）经费投入十年增长了 3.7 倍，2021 年首次超过 1 万亿元，占全国企业 R&D 经费投入的 48.20%；国家高新区的高新技术企业数量增长迅猛，从 2012 年的不足 2 万家，增长至 2021 年的 11.5 万家；国家高新区企业发明专利有效量占全国的比重也从 2012 年的 29.50% 上升至 2021 年的 44%。[①]

### 7. 中小企业呈现出较高的发展潜力

虽然目前技术创业型企业的数量还比较少，所占比例低，但是增势明显，仍具有较大的发展潜力。以浙江省为例，浙江省工商局最新公布的数据显示，该省 2019 年共新增中小企业 40.8 万家，同比增长 12.40%。浙江省 2019 年新设数字经济产业中小企业 4.4 万家，同比增长 35.60%，总数达 16.4 万家，同比增长 17.50%。2018 年新认定的技术创业型企业达 7654 家，认定首批高成长科技型中小企业 1431 家。相当一部分企业有转型为科技型企业的愿望，只是由于资金、人才、技术和管理等关键方面的不足才没有进行转变。最近，随着中国经济模式和市场环境的不断进步，各级政府不断为企业创业创新改善环境、创造条件，"大众创业、万众创新"蔚然成风，整合各类信息与资源的服务平台对中小企业创新的支撑作用正在逐渐显现。截至 2022 年，浙江省共有 109 家科技企业孵化器进入"国字号"备案名单，数量居全国第三。[②] 这一数量正在不断增长。随着政策和企业成长环境的不断改善，中国技术创业型企业的发展前景良好。

总的来说，我国技术创业型企业在现阶段的发展状况比较乐观，尽管

---

① 参见杨舒《国家高新区生产总值十年增长迅速》，见新浪网（https://finance. sina. com. cn/jjxw/2022－09－15/doc－imqqsmrn9129206. shtml）。

② 参见何冬健、刘晓燕《浙江"国字号"科技企业 孵化器总量过百》，载《浙江日报》2022 年 5 月 3 日第 1 版。

存在经营状况不佳、死亡率较高、研发专利少、企业的经营状况不容乐观等问题，但仍然可以看到技术创业型企业的高管团队素质普遍较高，研发人员数量多，研发资金投入力度加大，利润增长率高，技术创业型企业数量的增势很明显。这些都预示着我国技术创业型企业良好的发展前景。

## 3.3 我国技术创业型企业成长存在的问题及原因分析

由于中小企业自身的规模限制和不稳定性特点，面对我国经济增速放缓，我国技术创业型企业的发展也渐趋缓慢，表现出了一定的脆弱性，暗示着我国技术创业型企业仍面临很多的问题。

**1. 企业经营状况较差，抵御风险能力弱**

技术创业型企业的最大特点是规模小和技术更新快，因而其经营管理和抗风险能力相对于大公司来说存在一定的劣势。在宏观经济下行周期中，大型企业利润受冲击较小，而技术创业型企业等中小企业利润同比下滑严重。2017 年，国家统计局对全国 3.9 万户规模以下工业企业进行了抽样调查发现，近年来仅约两成的工业小型微型企业经营状况良好，比 2016 年年底下降了 1.7 个百分点。广东、浙江、重庆等地制造业出口企业普遍出现了"订单荒"，订单比上一个季度减少了 25% 左右。2020 年受新型冠状病毒肺炎①疫情（简称"新冠疫情"）影响，此类企业利润下滑比率同比超过 30%。2021 年，我国有 43.20% 的中小企业利润为 0 或处于亏损状态。②

中小企业虽然灵活性高，但是风险承受能力不足。高新技术产品更新速度快，市场变化快，机会难以捕捉，不过由于中小企业规模小，具有"船小好调头"的优势，一旦发现形势不利，可以迅速转产，就算失败，损失也不会太大，还可以东山再起。但也正因为其本身的规模小和资源实

---

① 2020 年 2 月 7 日，国家卫生健康委员会将"新型冠状病毒感染的肺炎"暂命名为"新型冠状病毒肺炎"，简称"新冠肺炎"。2022 年 12 月 26 日，国家卫生健康委员会将"新型冠状病毒肺炎"更名为"新型冠状病毒感染"。

② 参见艾瑞咨询《2021 年中国中小微企业融资发展报告》，见澎湃网（https://m.thepaper.cn/baijiahao_15546703）。

力不足，再加上不规范的管理方法，导致很多的中小企业在 2020 年新冠疫情来临时无力应对冲击，即使是技术创业型企业也难逃一劫。

规模小是技术创业型企业的一个特点，其有利有弊，小规模阶段是企业发展壮大过程中无法避免的一个阶段，企业只有充分利用小规模的优势，提高其市场风险意识，努力打造技术核心能力，才能获得生存的空间。技术创业型企业应建立与同类中小企业和中型、大型企业的合作意识，加强与其他企业、政府以及科研机构的沟通与合作，弥补规模劣势。技术创业型企业也可以充分利用其灵活性和市场敏感度高的特点来寻求创新机会，为企业未来的发展创造更多的成长空间。

**2．企业创新气氛活跃，但自主创新能力不足**

2020 年，国家统计局在北京、上海、浙江、山东和湖南 5 省（市），对 200 余家技术创业型企业开展了专项调研，结果显示，技术创业型企业开展创新活动的比例较高，继续开展创新活动的意愿较为强烈。北京被调查的 27 家技术创业型企业中只有 1 家没有开展研发活动。上海 72.20% 的被调查企业开展了创新活动。浙江被调查的技术创业型企业近年普遍开展了技术创新活动。

尽管如此，我国技术创业型企业的自主创新能力仍然不足，主要体现在三个方面。

（1）过分依赖模仿。绝大部分的中小企业仍处于产业价值链较低的环节，代工生产（original equipment manufacturer，OEM）业务比重较高，产品和技术主要靠模仿和国外引进，自主性产品较少，开发的新产品具有核心竞争力的不多。

（2）自主创新成果不足。与国外发达国家相比，我国的科技创新产出明显较低。在 21 世纪初期，德国 2/3 的专利是中小企业所注册的。2013 年，美国出口的高科技产品 70% 以上的品种是由中小企业提供的，而我国出口的高科技产品由中小企业提供的品种不足 20%。

（3）人才匮乏。在这个人才竞争日趋激烈的市场环境中，技术创业型企业对创新人才的需求较大，而由于其稳定性不足和人力资源管理的缺陷，对高素质人才的吸引力十分有限，人才匮乏逐渐成为制约技术创业型企业创新能力提升的瓶颈。

我国技术创业型企业的自主创新能力仍然较弱，主要有三个方面的原因。

（1）企业内部的创新文化氛围不足。有相当一部分员工的团队合作能力较差，缺乏交流意识，高管团队中技术管理者比重较低，使得企业对技术创新缺乏重视，与科研院所、大学等机构的沟通与合作较少，因而在市场创新机会和技术创新机会面前缺乏敏锐的感知，导致容易错失创新机会造成创新项目不足。

（2）高素质的创新型管理人才的引入和培养困难。我国技术创业型企业大多是由科技人员创建的，其技术水平的高低并不能说明其管理水平的高低。随着企业规模的扩大，企业可能由于难以引进既有专业特长又有管理能力的全能型人才，使得管理创新成为技术创新障碍。

（3）外部支持环境仍有待完善。如政府应坚持以市场配置创新资源为主导，为企业创造公平竞争的市场环境，完善行业规范条例，重视市场信用体系建设及加强对中小企业知识产权的保护。政府还可以适当对中小企业给予政策倾斜，建设高新技术产业园区，发挥园区的集群效应和带动作用，为中小企业创新提供保护和激励性的环境。

### 3. 企业创新资源缺乏，合作创新效果较差

受企业规模的影响，创新资源如人才、技术、资金缺乏，可能导致技术创业型企业的创新投入不足、风险承受能力差等问题。因而，选择创新合作对很多技术创业型企业来说是必然的，创新合作的质量直接影响着中小企业的创新结果其至企业的生存。2021年，对长三角地区技术创业型企业创新合作现状的一项调查发现，企业创新合作的数量和质量都存在不足。在数量上，高达八成的中小型、微型企业从来没有进行过创新合作，即使有创新合作，频率也很低，时间也比较短。在质量上，更多的是供应链中的企业因资源的依赖性而进行协作，创新项目简单，技术含量较低，并没有涉及企业核心技术的交流与协作。

创新合作的"量"和"质"都存在不足，其背后既有企业自身的原因，也有政府政策和产业环境的原因。技术创业型企业内部缺乏合作创新文化，缺乏积极寻求创新项目的合作精神。管理者和员工未树立开放式创新思路，忽略了客户和供应商在创新网络中的创造性价值。目前，中小企业归工业和信息化局（简称"工信局"）管理，科技型企业归科学技术局（简称"科技局"）管理，这样的双头领导使技术创业型企业陷入十分尴尬的境地。面对诚信缺失的社会环境，合作企业担心诸如信用问题以及对知识产权的维护而阻碍了创新合作项目的进行。科技评估机构、科技咨询

机构等一系列服务机构存在着专业服务经验不足等问题，中介服务的质量难以保证。行业协会、企业家协会、民营企业协会等组织对合作创新的宣传以及激励不足，没有为企业寻找创新伙伴提供有用的资源信息。政府可以加强引入一些技术创新扩散能力强的项目，带动提高技术创业型企业的创新合作水平和能力。

### 4. 企业高素质人才匮乏，高管团队构成失衡

对技术创业型企业来说，高素质的人才需求巨大，"招人、留人和育人"的问题十分突出。高素质人才缺口大、人才流动性高是影响中小企业创新能力进一步提升的重要因素。这一方面是由于我国大部分中小企业具有规模小、资金少、家族式管理的特点，加上社会认识偏差等因素，导致其难以引入人才和留住人才的问题。另一方面，引才渠道不畅也是造成中小企业人才困境的一大因素，企业员工大多具有区域性和排他性，没有充分发挥猎头公司等中介机构的作用，缺乏丰富的引才渠道。

据《2022 年三季度四川省人力资源市场供求情况分析报告》显示，2022 年，四川省登记求职 50.07 万人，同比减少 2.19 万人，降幅为 4.2%。求职人员主要为本地失业青年和本地农村求职人员，占比近70%。加上近年来我国企业对人才的竞争越来越激烈，使得人力资源成本不断提高，尽管我国技术创业型企业在人才引进方面的投入压力不小，但高素质人才在技术创业型企业中仍比较缺乏。

另外，技术创业型企业的高管团队构成问题也十分明显。由于很多科技企业最开始就是由几个拥有技术背景的人合伙创建的，创业初期企业尚可以依靠核心技术生存，但当企业进入发展阶段，规模扩张使企业高管团队暴露出其管理素质的问题，高管团队中的"技术型"人才比重过高，很容易使得企业因忽视管理创新而造成管理困境。

造成这一问题的主要原因有两个方面。

（1）重技术、轻管理。因为技术创业型企业往往把科学技术的创新放在首位，而忽视了管理上的创新。技术创业型企业重技术、轻管理的创新管理方式，以及松散的组织结构，容易造成企业内部的控制效率低下，致使企业的管理机制改革赶不上企业成长的节奏。

（2）高管团队缺乏正确的管理理念。通常，科技型小企业是投资人与科技人员合作成立的企业，企业的所有者也是经营者，经营者往往懂技术但不懂管理，采取的是老板式的个人集权经营模式，决策缺乏科学性与民

主性，缺少对员工的人本管理，阻碍了企业管理的创新。

### 5. 企业资金需求巨大，但融资比较困难

由于创新是高风险、高投入的活动，技术创业型企业对资金的需求量巨大，但是由于其实力和社会环境的原因，企业融资困难。缺少资金是技术创业型企业发展最为主要的制约因素。2017 年，广东省人民政府金融工作办公室的一份调研报告显示，约占六成的中小企业最近三年曾经向银行申请过贷款，但成功获得贷款的企业数量很少，其中技术创业型企业则少之又少。

由于中小企业的发展还处于不稳定的阶段，在这一时期获取投资和贷款的难度相对较大，主要来自自身筹集的资本，如向亲朋好友借款和企业内部筹集，但是这样的筹资方式来源狭窄、数量有限，难以满足技术创业型企业对资金的大量需求。企业融资难主要的原因可以归纳为两个方面。

（1）企业自身的原因。中小企业自身存在资本结构单一、产权不明晰、盲目扩张等内在缺陷，具有轻资产的特点以及缺乏抵押物。金融机构往往难以有效地识别中小企业的融资需求，而银行面对较高的贷款风险，往往设置了较高的放贷门槛。

（2）外部环境的原因。①我国股票和债券市场的进入门槛高，对企业规模及性质有许多限制，阻碍了科技型小微企业在金融市场的直接融资（唐坤、樊苗，2014）。②金融机构服务体系不完善，如融资渠道结构性失衡、信用风险分担机制欠缺等。

### 6. 创新平台服务能力不断增强，但效果仍然较弱

目前，我国创新平台的发展在一定程度上有助于中小企业开展创新活动，但是各类支撑平台（尤其是社会资本创办的平台）还处于初级水平，创新项目的承载能力和资源信息的覆盖面还十分有限。此外，部分平台的资源整合能力和专业服务能力不高，服务功能比较单一，服务意识薄弱，而政府对这些服务平台和中介机构缺少引导。这也是导致服务平台难以支撑我国技术创业型企业创新研发的原因。

我国的社会服务支持体系主要包括政府政策服务与社会服务平台服务。

（1）政府政策服务。近年来，政府出台了很多政策来支持中小企业的发展，但是由于中小企业数量庞大，能够享受政策优惠和政府福利的毕竟还是少数，政府扶持政策的辐射范围有限。

（2）社会服务平台服务。技术创业型企业在竞争市场中处于弱势，很难得到周到的金融服务和创新服务。一方面，各类金融机构多从企业规模、贷款风险等出发去评估企业，致使技术创业型企业面临融资困难；另一方面，虽然近年来公共创新平台数量在增加，但社会服务效果较弱，专设服务机构缺少专业服务经验，绝大部分技术创业型企业无法享受所需的创新服务。

## 3.4 本章小结

本章首先介绍了中外技术创业型企业的成长模式。我国技术创业型企业的成长模式有三种：科技主导型的中关村模式、市场主导型的深圳模式和政府主导型的苏州模式。西方发达国家技术创业型企业的成长模式有：硅谷模式和波士顿 128 公路模式。本章对各模式的特点进行了总结。

其次，总结了我国技术创业型企业成长的现状，从高管团队的特点、企业生长率与死亡率、经济贡献率、成长约束、经营状况、财务状况、研发情况、园区发展趋势和未来的发展潜力等方面来描述。

最后，分析了我国技术创业型企业成长存在的主要问题：我国技术创业型企业面临着营业状况不容乐观，抵御风险能力弱；创新活跃，但自主创新能力仍然较弱；创新合作数量和质量均存在不足；人才匮乏导致管理困境；融资比较困难；社会化服务支持不足；等等。针对问题背后的原因，本章进行了详细的分析。

# 第4章　创新机会识别与技术创业型企业成长的理论机制

创新机会识别是新产品研发过程中最初的关键环节，机会识别的准确程度影响了新产品的商业化和市场需求，在很大程度上决定着产品研发项目能否成功实施。然而，科技型企业的机会识别能力的高低与高管团队整体的认知能力息息相关，受认知水平和思维模式的影响，企业高管在机会识别过程中的决策与选择通常会决定新产品的商业化绩效，并最终影响技术创业型企业的成长。

本章主要介绍创新机会识别的内涵、动因和特征，研究创新机会识别与技术创业型企业成长的关系，随后基于高管团队认知的视角，阐述创新机会识别、高管团队认知与技术创业型企业成长三者间的关系，构建一个高管团队认知、创新机会识别与技术创业型企业成长的理论框架。

## 4.1　技术创业型企业成长的动力源分析

技术创业型企业成长的动力源是企业创新管理与内外部环境变化的相互作用。在彭罗斯（1959）看来，企业成长机制可以在"企业资源—企业能力—企业成长"这一分析框架下展开研究。对于技术创业型企业，其成长的动力来源源自企业的创新管理能力和内外部环境变化。下面笔者从具体方面进行分析。

（1）企业能力是由企业内部所拥有的各种硬件资源和软件资源决定的，而企业人力资源能力决定了企业物质资源所能实现的质量和价值。两者相互作用最终创造出企业特有的"主观"生产机会。其中，人力资源最为重要的就是高管团队，高管团队经过不断的学习和经验累积，使得不同的企业在遇到相同的发展机会时表现出不一样的行为。有的企业能够及时把握这种难得的发展机会；有的企业却因为高管团队的经验不够、专业知识缺乏而忽略发展机会；还有的企业尽管发现了发展机会却因为高管团队的能力有限而无法充分利用发展机会。因此，团队的能力直接决定了企业的管理能力和发展能力。

（2）企业的能力决定了企业未来的发展边界、发展方式以及发展速度。彭罗斯认为，可以将企业的能力分为两类不同的能力：一类是企业日常经营管理的能力，这要求高管团队能够在目前阶段的企业规模之下，顺利完成企业经营管理的任务；另外一类是创新、扩张企业所需的管理能力，这要求高管团队有不断推动企业开发出新的产品、发现新的市场、拓展企业的发展边界，并能对此有序地进行管理的能力。这两类能力都是管理者将以往所学的专业知识转化为专业技能的结果，是在干中学的经验累积的能力。韩太祥（2004）认为，高管团队的能力对企业其他资源的产出数量和质量能够产生决定性的影响，从而最终影响企业的发展速度。彭罗斯从约瑟夫·熊彼特（Joseph Schumpeter）的创新理论中受到启发，他支持企业的创新对企业未来的成长具有重要影响的观点，同时也指出优秀的企业家擅长发现和把握企业潜在的成长机会。

彭罗斯等部分学者在对企业成长机制的理论研究过程中，都设置了一个前提假设，即企业不能主动地适应社会环境的变化，而是只能被动地适应不断变化的社会环境。因此，他们认为，企业只能通过优秀的管理者或者企业家发挥自身的专业技能来帮助企业内部现有资源创造出新的资源，从而通过提高企业利用资源的能力来实现企业的不断成长。这种逻辑推理机制将毫无疑问地影响高管团队对企业发展的各种外部因素的重视程度。而企业高管团队成员的认知特征、认知结构、认知过程，以及企业的资源状况等都成为影响企业成长的重要因素。

通过对这类理论的分析，我们可以看出企业成长会受到企业内部各种能力和资源的影响，然而这类理论却忽略了外部环境的作用，只有将企业的能力和资源与外部环境充分结合，才能充分地发挥企业能力和资源的最大价值。结合现实的情况来看，在千变万化的市场环境中，绝大部分的企业还是有应对的能力，因此不能只从企业内部的各种因素来分析企业成长，一味重视改善企业内部的能力和资源存量，而不考虑外部环境对企业成长战略的影响。如果一味重视对企业能力和资源存量的改善，可能会导致企业能力和资源的刚性化，造成企业发展缺乏适当的弹性，从而损害技术创业型企业长期持久的发展能力。

结合本研究，技术创业型企业成长的动力源主要受到企业内外部环境、创新机会识别以及高管团队认知的影响（如图 4-1 所示）；而创新机会识别主要分为创新机会的搜寻、创新机会的筛选、创新机会的确认三个阶段，创新机会识别的每一阶段都与技术创业型企业的成长息息相关。创新机会识别正是基于这样一个切入点进入通过有效的管理手段，从而达到促进技术创业型企业成长的目的。在高管团队特征（权力、决断力、激励、整合、团队过程）与企业内外部因素等动力源的共同交互影响下，在技术创业型企业新产品开发的认知阶段，创新机会识别应运而生。在技术创业型企业产品开发早期，通过有效的创新机会识别机制，包括识别产业中的机会、完成产品构思、筛选产品方案、做出产品的定义、制订研发项目计划、分析可行性、完善执行研究七个步骤，成功开发出适合技术创业型企业快速成长的新产品。

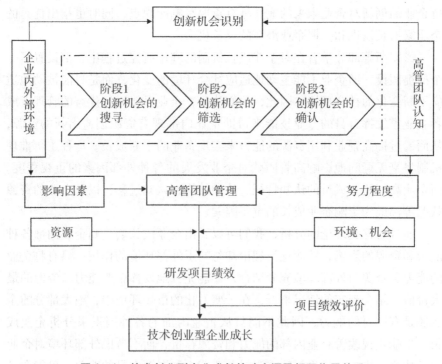

图 4-1  技术创业型企业成长的动力源及相互作用关系

## 4.2　创新机会识别与技术创业型企业成长的逻辑关系分析

　　市场竞争的日益激烈凸显出产品创新的重要性，创新机会识别阶段作为新产品开发的基础阶段，已经越来越受到企业的重视。许多学者认为，企业在新产品研发项目中对创新机会识别阶段进行有效的管理，对新产品研发项目的成功有着巨大的促进作用。

　　但统计数据表明，企业创新机会识别阶段的时间量和资金量的投入远远低于新产品开发的其他阶段，创新机会识别在企业发展当中所受到的重视程度似乎依然不够。不难发现，创新机会识别在新产品开发过程中十分重要，但由于其具有模糊性而难以控制，因此没有受到足够的重视。

### 4.2.1　创新机会识别的动因

　　在新产品开发过程中创新机会识别的重要性，使得我们必须重视创新机会识别，提高创新机会识别的有效性，提升新产品开发的成功率，为技术创业型企业正确识别市场机会、找准市场地位、实现产品创新打下坚实的基础。创新机会识别对技术创业型企业的长期可持续发展有着十分重要的意义。在已有研究的基础上，本书主要从产品生命周期缩短、企业组织结构变革、企业快速成长需要以及外部环境驱动这四个方面来分析和探讨技术创业型企业进行创新机会识别的动机。

#### 1. 产品生命周期缩短

　　成功地将新产品引入市场对于一个企业的长期生存至关重要，更进一步地，已有研究证明，创新机会识别活动的成效对于新产品开发具有非常大的重要性（Murphy and Kumar，1997）。由于技术环境、竞争环境以及顾客需求的快速变化，产品生命周期不断缩短，技术创业型企业能否抓住时机迅速并顺利地进行创新对企业的成长有着越来越重要的影响。技术创业型企业必须对创新的过程进行一个良好的规划和最优化的管理。由于企业之间竞争的逐渐加剧，技术创业型企业不仅需要进行新产品的开发，还要提高新产品开发的效率，从而大大缩短新产品开发周期并最终实现产品商业化。基于竞争的需要，技术创业型企业慢慢开始重视新产品开发的创新机会识别阶段。

作为全球领先商业咨询机构波士顿咨询公司的副总裁，斯托克（Storke）及霍特（Holt）曾指出，20世纪90年代以后，企业新产品开发战略的关键要素是时间，企业之间的竞争也是基于时间的竞争，在一个竞争激烈的市场环境中，比竞争对手更早进入市场是至关重要的。因此，技术创业型企业必须重视节约创新机会识别的时间，压缩创新机会识别的时间能加快新产品开发的速度，赢得企业竞争先机（如图4-2所示）。越来越多的研究表明，企业在新产品开发的过程中，对前期的创新机会识别阶段进行有效的管理，不但可以缩短约30%的开发时间，也可以在很大程度上提高新产品开发的绩效。

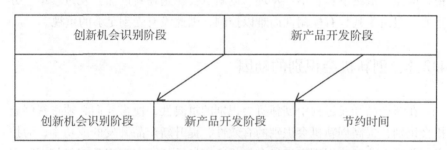

图4-2　压缩创新机会识别的时间赢得企业竞争先机

### 2. 企业组织结构变革

纵向结构是由组织中的正式报告关系决定的，包括组织中的人员数量和管理人员的管理层级，同时也决定于组织的部门化。横向组织结构是由系统设计决定的，保证跨部门的沟通、协调和权力整合（Richard，2003）。

19世纪末20世纪初，直线职能式组织结构诞生。这种组织结构建立在马克斯·韦伯（Max Weber）、弗雷德里克·泰勒（Frederik Taylor）的理论基础上，在20世纪成了企业界普遍应用的组织模式。然而，进入20世纪末，这种纵向型组织结构显示出其缺陷，特别是在迅速变化的环境中，这种缺陷更加明显。这种组织最大的缺陷就是不利于横向沟通，各部门之间不能很好地协调，以实现顾客的需求。为了克服纵向组织结构部门之间交流不便、不利于实现客户需求的弊端，横向组织应运而生。

传统的科层组织体系的特点是稳定、孤立、领导导向，而在加强了横向沟通的组织体系下，变化、合作、客户导向这些理念慢慢地深入人心。传统的开发过程往往忽视客户需求的重要性以及开发前期的一系列管理活动，过分关注时间、预算和性能指标。随着企业组织结构的变革，企业对开发前期的管理得到进一步的重视，创新机会识别也正是对这种组织结构内部变革的一种适应。

### 3. 企业快速成长需要

价值创新的战略理念对于一个企业的长期发展十分重要，较高成长性的技术创业型企业往往能够快速适应市场环境的变化，基于自身情况及时进行创新活动。高成长依托于价值创新与产品创新，而这一系列的企业创新的关键又来自创新管理的机会识别阶段。

从技术创业型企业发展的角度看，企业能够通过不断进行产品、服务或管理方法上的创新，提高自身的创新水平以及行动能力，在市场上占据领先的竞争地位，进而提高科技企业的绩效水平。产品创新对技术创业型企业的成长具有重要的影响，而作为产品创新阶段的基础和关键步骤的机会识别则对于技术创业型企业的成长意义重大，它关乎一个企业的持续发展能力。从理论上来讲，可持续发展的技术创业型企业必须要有扎实的发展基础和良好的耗散结构，来激发成长动力的不断产生，可见没有创新会导致技术创业型企业缺乏成长动力。

### 4. 外部竞争环境驱动

产品差异化逐渐成为技术创业型企业立足市场竞争的资本，要实现产品差异化就必须不断进行产品创新。产品创新最重要、最基础的一点就是要形成一个好的产品概念，而产品概念的形成正是发生在新产品开发的机会识别阶段。创新机会识别的动机在于适应日益激烈的市场竞争，重视创新机会识别、有效识别市场机会、正确把握产品的概念设计是赢得市场竞争的关键。

## 4.2.2　创新机会识别维度与技术创业型企业成长的关系

创新机会识别是新产品开发过程中的前期阶段。有了精准的机会识别才会出现后面的产品构思、产品方案筛选、产品定义、研发项目计划、执行研究等一系列步骤，可见创新机会识别作为新产品开发过程中最重要的阶段对技术创业型企业的成长具有重要影响。创新机会识别维度与技术创业型企业成长的关系如图4-3所示。

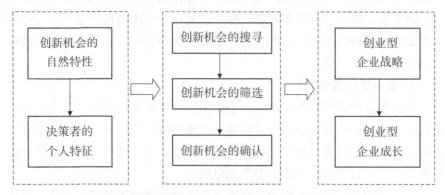

图4-3　创新机会识别维度与技术创业型企业成长的关系

### 1. 创新机会的搜寻与技术创业型企业成长

创新机会的搜寻作为创新机会识别中信息容量最大的阶段，需要管理者运用自身感知、接收信息的能力，从复杂的市场和技术环境中搜寻最合适的创新机会，从而使企业依靠创新摸索出一条持久的成长路径。为了实现这一组织愿景，需要高管团队从以下三个方面入手。

首先，高管需要判断宏观环境的基本态势。机会搜寻开始于对宏观经济的认知和把握。宏观经济不仅影响创新行为，而且影响企业的战略决策。政治条件、宏观经济因素、人口结构及法律环境都会对创新活动和创新机会的搜寻产生不同程度的影响，因此管理者需要在机会搜寻的过程中关注宏观环境带来的种种可能性，寻找那些最为合适的行业及创新机会。

其次，要对企业所处的行业环境进行分析。通过分析企业所处的行业环境了解产业的成长阶段和竞争对手的业务重心，从而避免投资失误和资源浪费。在分析行业环境时，应尽可能多地关注行业目前的发展状态，选择进入尚有余地的市场，尽量避免进入竞争对手核心业务所在的市场。通过对行业环境的分析，逐步明确市场、技术的发展轨迹，了解市场和技术的不确定性对技术创业型企业战略决策的影响，明确技术不确定性、市场不确定性及政策不确定性在技术创业型企业成长过程中所扮演的角色。

最后，对行业内不同种类产品项目进行对比分析。从技术、质量、生产方式等各个环节中寻找突破口，作为企业产品差异化战略的开端，进而抢占市场高地。除此之外，高管们还需要设计相关指标体系测试所搜寻到的机会和产品是否有潜在开发价值。

### 2. 创新机会的筛选与技术创业型企业成长

机会的筛选是技术创业型企业进行产品研发的开端。一般而言，当市场环境开始出现信息流通不畅、行业结构不均衡等现象时，行业和市场中的已有知识和经验会与新概念和新信息产生明显的差距。当信息差距达到一定程度，创新机会就会应运而生，如产品技术创新、法律政策的调整、消费者支出偏好的变化等。换言之，技术创业型企业想要获得持续成长，在进行产品研发项目机会筛选时，必须对市场的变化、技术的变革和政策的调整有灵敏的反应和及时的把握。

技术创业型企业进行机会筛选会经历机会分析阶段和机会评估阶段。

在机会分析阶段，企业要掌握足够的市场、行业、技术以及政策信息以判断所识别的机会是否存在广泛意义上属于有利的、可创新的机会。企业可以通过市场调查，如观察、访谈、焦点小组测试和问卷调查等方式来获取第一手信息和资料，从而得到更有效和更有价值的信息，以更好地识别产品的发展机会。只有拥有良好的研发和发展机会，研发出新产品和服务以满足市场的需求，技术创业型企业才能实现长期增长。

机会评估阶段，即个性化识别阶段，对于具体的企业和投资者而言，主要考察识别的机会是否有价值。在这一过程中需要结合企业业务、行业竞争对手、客户偏好趋势、产品创新等信息来识别适合特定企业的创新机会，并通过制订研发项目计划识别企业可能追求的研发机会。研发项目计划指根据研发项目的目标，开发项目实施工作、开展项目的各项活动，使之周密安排。研发项目计划要专注于研发项目的目标，确定和安排研发项目的任务，配置所需的资源，以及编制预算，是关于企业要做什么、什么时候做、谁来做、如何做的未来行动计划的反映。企业要定期根据市场和技术的进步轨迹，调整技术创业型企业的研发项目规划，提高机会识别效率，并顺势推出全新的产品或服务，从而推动技术创业型企业的成长。

### 3. 创新机会的确认与技术创业型企业成长

在创新机会的确认阶段，管理者要对机会进行再调查，运用相对正式的调查程序完成机会确认的"尽职调查"，考察企业内部高管团队成员的构成、知识结构的形态及各项财务因素是否能够匹配确认的机会，从而决定是否进行机会的开发，并吸引投资。在构建创新机会确认指标体系的过程中，管理者需要考虑创新机会在市场、产品等方面表现出来的特征。

从市场的角度来看，管理者要重视对市场结构的分析，从市场结构中选择指标来测试机会的合理性。

从产品的角度来看，可以考虑将产品的难以模仿性作为测试指标，一旦创新型产品的模仿程度较高，其工艺流程也更容易模仿，会导致产品难以取得竞争优势，使得该产品不能轻易进行深入开发。产品层面的评估有利于后期产品的构思活动，从产品层面进行的创新机会确认与评价是机会转化为一个具体想法的诞生、发展和成熟的过程，这代表了一个进化式的过程。产品构思在这个过程中建立起来，然后被分解，再被组合，重新定型，接着讨论、研究，最后得以发展。

除了将创新机会的市场和产品特征列入评估范畴，还要考虑由创新机会形成的商业模式，即通过识别过程的各个环节中制定的创新机会测试指标，预测创新机会在未来的创新行为中可能带来的效果，再经过反复的测试和推演，确定将创新机会投入开发阶段，从而完成机会的识别过程。

## 4.2.3　技术创业型企业成长的创新机会识别模型

技术创业型企业被认为是国家和地区经济发展的引擎，但实践结果表明，技术创业型企业的失败率非常高（迈克尔·伯格，1996）。相对于大型企业，技术创业型企业在创新资源、人力资源、物质资源以及金融资源方面，通常存在资源约束。产品创新是技术创业型企业持续成长的必经之路，新产品开发的高风险性和资源消耗性使得作为产品开发前期阶段的创新机会识别阶段的管理显得尤为重要。

通过前面的分析，得知创新机会识别包括三个完全不同的过程：一是能够准确迅速地捕捉其他企业尚未发现的市场和资源；二是对于特定市场和资源的匹配程度更加敏感；三是通过市场和资源的匹配创造新的业务和概念，即从感知到探索、分析再到创新的过程，而不只是"识别"。

这一过程分为三个阶段：阶段一，创新机会的搜寻。在这个阶段中，管理者对整个经济体系的创新潜力进行探索，如果管理者意识到创业机会的创造潜力、潜在的开发价值，以及将会拥有的商机，就将进入下一个阶段的机会识别过程。阶段二，创新机会的识别。相对于总体意义上的机会识别过程，这里的机会识别应该是狭义上的识别，即从创意中筛选技术创业型企业需要的机会。这一阶段包含两点内容，一是对总体的市场环境和一般的行业进行剖析，以判断该机会是否在普遍意义上属于有利可行的商业机会，这是标准化的机会识别过程；二是研究具体的创业者和投资者，对于他们而言这一机会是否有价值，这是个性定制的机会识别过程。阶段三，创新机会的确认。目前的机会评估体系仍旧带有部分尽职考察的含义，相对比较正式，调查的实质主要是各项财务指标、高管团队的组成等，通过对于该机会的评估，管理者决定是否进行创新机会的开发及产品的开发。

本书根据创新机会识别的三阶段模型（如图 4 – 4 所示）来研究创新机会识别对技术创业型企业成长的影响机制。

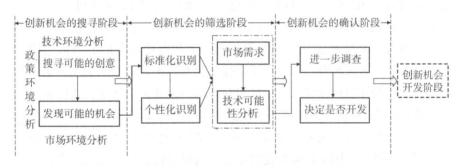

图 4 – 4　技术创业型企业成长创新机会识别三阶段模型

### 1. 创新机会的搜寻阶段

从图 4 – 4 模型中我们可以看到，该模型将技术创业型企业创新机会识别分为三个主要阶段：创新机会的搜寻阶段、创新机会的筛选阶段和创新机会的确认阶段。在创新机会搜寻阶段，创新机会可能性包括整个经济系统的全部可能的创意，技术创业型企业高级管理人员进行机会搜寻，若他们意识到某个创意具有潜在的市场价值，整个企业将会进入到机会识别的下个阶段，也就是狭义的机会识别阶段，如图 4 – 5 所示。

作为创新机会识别第一步的机会搜寻，其关键就在于确定创新机会的来源。Hills 和 Lumpkin（1997）认为，机会来源于自发识别、网络获得和非正式获得三个途径。Kirzner（1997）指出，发现项目研发机会的途径是多样化的：一是纯属偶然获得新的市场信息，偶然发现项目研发机会；二是有目的性地搜索市场隐含的内部信息，即在特定的时间内，技术创业型

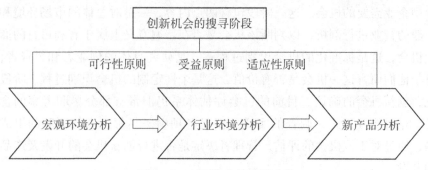

图 4 - 5　创新机会的搜寻阶段

企业高级管理人员基于个人认知能力与知识经验来发现市场隐含的内部信息，同时外在化其发现的隐含信息，从而发现项目研发机会。Singh（2000）认为，机会是建立在商业创意基础之上的，它来自于技术创业型企业高级管理人员通过其特有的想象力、把握商业机会的能力创造的机会。Chandler 等（2002）认为，机会搜寻具有三种形式：①主动搜索，基于个人独特的知识技能和以往的经验获得机会；②被动搜索，通常是在企业绩效长期得不到改善的前提下被迫进行机会搜寻；③偶然发现，机会发现完全在计划之外。陈震红和董俊武（2005）将研发机会的来源分为三类：①政策机会，国家政策变化带来的项目研发机会；②市场机会，市场不稳定性催生的市场机会；③技术机会，技术进步与科技发展带来的项目研发机会。

## 2. 创新机会的筛选阶段

创新机会的搜寻阶段之后就是创新机会的筛选阶段，相对于总体意义上的创新机会识别，这里的创新机会筛选指从创意中筛选技术创业型企业需要的创新机会。基于人们所掌握的信息渠道和信息质量的不同，会出现一定的知识或信息的空白区域，而创新机会便是从这些看似空白的领域中应运而生。高管团队认知的多样性会导致有些人的思维模式更适合做出创意性决断，也更容易捕捉市场和技术机会（Kirzner，1973）。

一般而言，创新信息的质量直接决定管理者所做出的决策效果，拥有低质量信息的人其决策效果往往也不佳，因此企业总会在市场、技术和工艺等各方面存在不足和缺陷，克服相关领域的不足和缺陷就需要拥有高质量信息的管理者来做出更适合企业的战略决策。优秀的企业家和管理者有着扎实的专业能力和强大的概念技能，其感知市场创新机会的能力会异于常人，一些被大众以常规视角忽略的创新机会能被他们准确地识别出来。创新机会的筛选过程从要素视角来看，是初创者和管理者已有的知识结构和信息概念与当前环境融合，在交互作用下产生创新性知识和观点的过程。而这种交互过程具体体现为：在管理者原有的认知结构和知识储备的基础上，加入环境中与新技术、市场相关的新信息，然后原有认知结构、知识储备与新信息发生交互作用。这一过程实际上是高级管理者借助人脑来完成的内在过程，如图 4-6 所示。

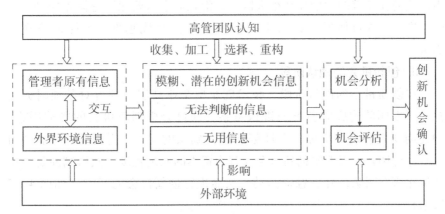

图 4-6　技术创业型企业创新机会的筛选过程

　　这一创新机会筛选过程有时是一次完成的，更多的时候需要多次反复才能完成。高层管理者们通过创新机会筛选系统，在解读客观信息的过程中，利用一定的机制和程序让企业员工、消费者以及投资者等利益相关者能够清晰地接收这些内容，从而在各方意见交融的情况下发生知识的再创造。受组织氛围、外部环境以及高管团队认知范式的影响，管理者在解读信息时，有时可能解读出两种相反方向的内容，有时只能解读出少部分内容，甚至是错误的内容，所以创新机会筛选过程需要反复推敲，解读出的信息知识以及成果需要再次进行检验和测试。而环境则是最好的测试容器，它所具有的动态的、复杂的特点，需要创新机会识别各个环节根据环境的实际情况进行调整或放弃。随后在信息交融的创新机会搜寻基础上进行创新机会的筛选与选择，这一阶段需通过两个步骤来完成：一是根据整体市场环境进行行业分析，从而考察创新机会搜寻阶段发现的创新机会是不是真正有益，这一步被 Noel. J 和 Justin Craig 称为机会分析阶段；第二步是判定针对特定的技术创业型企业高级管理人员和企业投资者，项目研发机会是否具有经济价值，即机会评估阶段。

成功有效的创新产品开发的第一步是必须拥有一个新的构想。这种构想在满足市场需求的同时，在技术上和经济上应具有可行性。技术上的可行性指企业在所能使用的现有的先进技术或者已储备的技术条件下，能够通过有效地运用这些技术成功实现这一构想；经济上的可行性指这一构想必须是基于准确分析当前社会经济政策环境的前提下产生的。企业对现有需求或潜在需求的识别存在很大区别，潜在需求需要深度挖掘才能进一步研发推广，项目研发在经济上或性能上要具有优越性，才能形成现实需求。

### 3. 创新机会的确认阶段

在创新机会的确认阶段，技术创业型企业高层管理者对各项财务指标、研发团队构成等各方面进行考察，通过分析创新机会的影响因素、构建创新机会确认指标、设计创新机会确认的流程，并对公司现有智力资本进行调查，以考察创新机会与智力资本的匹配程度，然后判断是否正式组建研发团队，开展融资活动，从而进行创新机会的开发（如图4－7所示）。

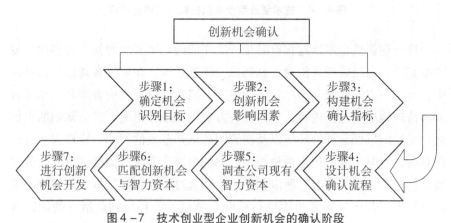

图4－7　技术创业型企业创新机会的确认阶段

在一些研究当中，创新机会的筛选与确认同时存在，技术创业型企业高层管理人员在进行项目研发创新机会筛选的同时自发或主动进行创新机会确认。在此分析框架下，整个创新机会筛选过程伴随着创新机会的确认。创新机会筛选与确认这两个概念并不是完全分割的，技术创业型企业高层管理人员在机会开发过程中的每一步都会进行机会评审。创新机会识别的初始期，技术创业型企业高层管理人员可以开展调查，了解与把握市场需求和研发资源需求，并据此界定所识别的市场机会是否存在进一步开发的价值。创新机会识别的后期，技术创业型企业高层管理人员要考察项目研发的效果，确认其是否能够创造出预期的市场价值。

关于创新机会确认的指标，已有许多国内外学者做了大量研究。Timmons（1999）总结一个包含了八类分项指标（主要包括行业市场、经济因素、收获条件、竞争优势、管理团队、致命缺陷、企业高管个体要素、战略要素）研发机会确认流程设计的框架。这个机会确认流程将研发机会识别甚至新创企业后续成长中涉及的所有因素均纳入其中，有利于全面分析研发机会的优劣，判断其是否适合投资。在 Timmons 的机会评价框架下，姜彦福和邱琼（2004）通过对 63 名清华大学经济管理学院总裁班学员发放调查问卷进行调查，比较研究了我国资深企业高管与一般管理者，并提出了适合我国企业高管进行机会确认或投资人在匹配公司智力资本与研发机会的 10 项关键指标序列；与此同时，该研究还证明了人的因素是进行机会确认阶段最需要优先考虑的问题，如企业高管的团队是否为优秀管理者的结合，组织中是否拥有优秀的员工和管理团队等。Timmons 认为，机会识别和确认流程的缺点在于主次不够清晰，各维度划分不尽合理，存在交叉重叠，这在一定程度上影响了机会确认流程的有效性。

基于机会确认指标的不足，林嵩（2007）构建了机会识别模型，认为可以从三个层次进行研发机会的判断以及机会与企业资源的匹配分析。第一个层次是研发机会的核心特征，属于研发机会的自然属性，主要包括市场层面的特征和产品层面的特征；第二个层次是研发机会的支持要素，包括创业团队要素、创业资源要素和商业模式要素；第三个层次是研发机会的成长预期，包括各项财务指标、研发成效等，只有符合企业高级管理人员制定的标准，项目才能从机会识别阶段进入到研发的下一个阶段。模型首先进行研发机会的核心特征分析，在此基础上筛选出合适的企业成长规划。该模型需要结合技术创业型企业的资源禀赋论证规划的可行性，若规划可行，则预期未来发展情况，预期较好时对机会进行进一步开发；若规划不可行，则可放弃。

## 4.3　创新机会识别对技术创业型企业成长的影响机制分析

关于创新机会识别对技术创业型企业成长的影响，本书前面分析了创新机会识别的三个阶段（创新机会的搜寻、创新机会的筛选、创新机会的确认）之间的关系，了解到创新机会识别的各个阶段都与技术创业型企业成长相关，本节就创新机会识别对技术创业型企业成长的影响机制展开研究（如图4-8所示）。

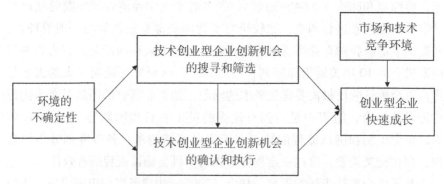

图4-8　创新机会识别对技术创业型企业成长的影响机制

### 4.3.1　基于战略决策的创新机会识别对技术创业型企业成长的影响

通过有效的创新机会识别手段，技术创业型企业获得最适合企业成长的创新机会。该创新机会取得研发项目绩效需要具有决定作用的管理资源——高管团队的管理能力。高管团队的管理能力则将从两个方面对企业成长产生相关影响。一方面，提高高管团队成员的专业知识和专业技能。当高管团队成员通过公司内外部环境不断汲取管理知识时，整个高管团队的专业知识会呈现出量级增长。这也就意味着企业的经营管理知识会得到大量的增加，从而影响企业资源的生产能力和生产机会，最终提高企业的绩效水平。另一方面，加强高管团队成员之间的沟通与合作。高管团队成员的能力较强，成员之间相互尊重，能够增加他们之间的沟通与合作，紧密有效的团队合作最终成为企业绩效提高和企业成长的坚实基础。

总之，高管团队的能力以及他们之间良好的合作关系能够保证企业绩效的提高和企业长期稳定的成长。高管团队自然属性的努力程度与企业内外部环境影响因素共同作用在高管团队管理上，使之更有效地服务于创新机会识别下产出的新产品，完善产品生产阶段之后的营销阶段，帮助制定新产品的战略方向，更快更好地获取市场认可度，从而提升企业研发项目的绩效（如图 4-9 所示）。

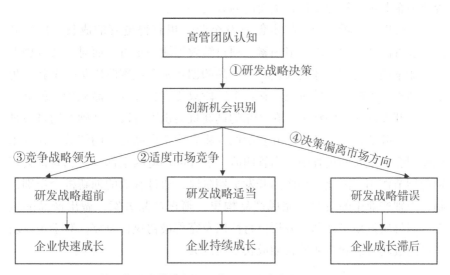

图 4-9　基于战略决策的创新机会识别对技术创业型企业成长的影响

根据高层管理团队成员之间差异化价值理论，高管团队中每一个成员不同的个性、能力或者高管团队成员间的互补性将有利于团队的合作及作用发挥；同时，一个团队高度信息化可为员工提供各种知识和技术等资源。一方面，高管团队成员各自拥有的专有能力，如技术、资本运营、材料应用、费用控制等方面能力的不同将有利于团队成员之间的互补和配合，在和谐合作的基础上集成最优势的团队资源，将团队合作效益发挥到最大化。另一方面，社会归类理论与相似-吸引理论对高管团队的组成也有重要影响。这两项理论认为，团队成员因共同点或相互吸引而组成团体，从而使团队成员具有更多的同质性而不是互补的异质性，所以这在一定程度上不利于团队成员的优势发挥。但是从另一角度而言，这些具有相同特点的人更容易持有一致的观点或更容易沟通。总而言之，高层管理团队成员应求同存异、发挥创造性，增强团队的凝聚力和向心力，将企业的新产品积极地推广到市场。

新产品开发项目的绩效评价是对技术创业型企业新产品开发项目现时价值的客观确认，以供投资者做决策时参考。在一个合理且切合实际、科学性与完整性强、符合公司战略规划的项目绩效评价体系中，技术创业型企业新产品开发项目绩效评价具有重要的意义和价值，使得企业在创新项目立项和实施之前必须对其进行深入地分析，从而使新产品开发项目的评价成为企业项目管理中最为重要的内容之一。

综合以上分析可知，技术创业型企业若想获得更好的成长，产品开发、高管团队、内外部环境因素、项目绩效等缺一不可。而对于技术创业型企业来说，新产品才是其核心。产品的创新机会识别阶段是一个新思想不断涌现、不断完善的阶段，在这个阶段只要有较好的产品概念，就能给新产品开发注入新的活力。在产品的创新机会识别阶段的基础上通过各种可行性的验证，进入新产品开发阶段并将影响新产品开发的绩效。在技术创业型企业成长的过程中，高管团队、内外部环境因素都只对创新机会识别起调节作用。因此，在产品开发早期阶段，通过有效的创新机会识别机制，识别产业中的机会、完成产品构思、筛选产品方案、做出产品的定义、制订研发项目计划、分析可行性以及完善最初执行研究，对于企业新产品的成功开发和企业的长期成长意义巨大。

## 4.3.2 基于创新机会识别的技术创业型企业竞争优势提升机制

创新机会识别是技术创业型企业成长的竞争优势的来源。对技术创业型企业而言，产品研发、项目研发决定了企业的竞争力，技术创业型企业战略包括产品差异化战略、成本领先战略与业务聚焦战略，而创新机会识别贴切地迎合了战略对技术创业型企业的影响，可谓至关重要。新产品开发创新机会识别与项目的开发成本、开发时间、可能的产品优势以及项目的成败直接相关，有效的创新机会识别可以降低开发成本、缩短开发时间、提升产品的市场认可度，从而加大产品在市场中的竞争优势。所以，在新产品开发过程中，创新机会识别对产品的成功开发意义重大，是技术创业型企业市场竞争的优势来源，基于创新机会识别的技术创业型企业的竞争优势提升机制如图 4 - 10 所示。

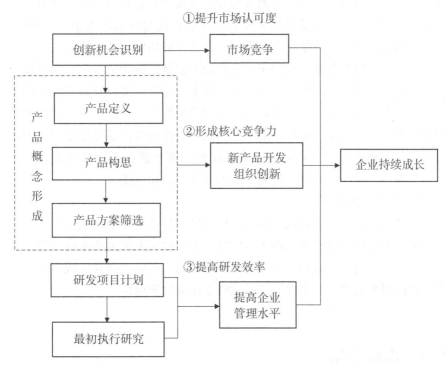

图 4 - 10　基于创新机会识别的技术创业型企业的竞争优势提升机制

创新机会识别竞争优势效果可以分为三个方向。

### 1. 提升市场认可度

提升市场认可度是创新机会识别中机会识别的成果。在创新机会识别中，企业高管团队通过自身能力，根据技术创业型企业未来的发展方向为企业在庞大而模糊的市场信息中选择适合企业成长的市场机会，从而根据识别的机会帮助未来产品获得市场认可，提升产品在市场中的竞争力。

### 2. 形成核心竞争力

核心竞争力是继机会识别之后的产品定义、产品构思和产品方案筛选的效果。伴随着产品生命周期的缩短、技术的迅速革新以及竞争环境的快速变化，技术创业型企业不仅必须尽快将其所拥有的新技术、新产品转化为成功的创新，而且还要保证这样的新产品确实是消费者所需要的。在新产品开发阶段，创新经理们面临的一个较为重要的和困难的挑战就是如何有效地管理创新机会识别。创新机会识别的重要性主要表现在一旦有效地执行前端活动就可以对新产品的成功开发带来非常直接的影响。此外，企业利用创新机会识别能够加速实现利用低成本机会快速进入市场。所以，获取创新机会识别的竞争优势成为新产品开发成功的重要因素。对于一个企业来说，影响其长期生存的至关重要的因素就是成功地引进新产品进入市场。由于产品生命周期的变短，加上技术、竞争环境以及顾客需求的迅速变化，进行项目研发过程的最优化管理成为技术创业型企业需要解决的问题。研究发现，由于前端活动决定团队是否投资新产品开发项目，因此与直接改善整体工程过程相比，改善前端活动更能为企业带来收益。否则，开发一个错误产品将会浪费企业大量的时间和金钱。

### 3. 提高研发效率

提高研发效率是创新机会识别之后研发项目计划和最初执行研究的效果。创新机会识别之后的这两个步骤能在很大程度上帮助技术创业型企业重新审核之前制定的战略，缩短产品开发时间，降低产品开发成本，从而提高产品研发效率，让企业在产品战略中保持领先地位。

## 4.4 本章小结

首先，本章分析了技术创业型企业的成长动力主要来源于企业的创新管理能力与内外部环境变化，阐述了创新机会识别的动因主要来自四个方面，即产品生命周期缩短、组织结构变革、企业快速成长的需要以及外部竞争环境的驱动。通过创新机会识别的三个阶段深入分析了创新机会识别与技术创业型企业成长之间的关系。

其次，从创新机会识别的角度出发，全面阐述了技术创业型企业成长的创新机会识别模型。技术创业型企业成长的创新机会识别模型主要分为三个阶段：阶段一，创新机会的搜寻，在这一阶段，管理者运用自身感受、接收信息的能力，对整个经济体系的创新潜力进行探索；阶段二，创新机会的筛选，即从创意中筛选技术创业型企业需要的机会；阶段三，创新机会的确认，通过对于该机会的评估，管理者决定是否进行创新机会的开发及产品的正式投资。

再次，在技术创业型企业创新机会识别模型的基础上，就创新机会识别对技术创业型企业成长的影响机制展开了研究。

最后，进一步阐述了基于创新机会识别的技术创业型企业竞争优势提升机制，分析了新产品开发是技术创业型企业在市场中获取竞争优势的核心保障，新产品开发前端的执行效果与效率将决定之后的项目开发程度。

# 第5章 高管团队认知、创新机会识别与技术创业型企业成长的理论逻辑

企业高管团队的特征是否会影响企业战略决策和行为，进而影响技术创业型企业的快速成长，是战略管理领域中的热点话题。企业的发展战略及战略行为往往是影响技术创业型企业成长的重要动因，高管团队认知在企业的战略选择行为中有很大的影响。一些学者在理性人假设的基础上，认为高管团队的理性决策和行为往往会受到外部环境和内部个性的制约，即在有限理性的制约下，高管团队的战略决策势必会受到其自身认知水平的影响。

本章以我国技术创业型企业为研究对象，研究了高管团队认知特征、创新机会识别与技术创业型企业成长之间的关系，分析了高管团队认知对于创新机会识别与技术创业型企业成长的调节作用，丰富了高管团队认知理论的研究范围及深度。

## 5.1 高管团队认知视角下技术创业型企业成长的理论机制分析

### 5.1.1 高管团队认知视角下技术创业型企业成长逻辑关系

Finkelstein 和 Hambrick（1996）认为，高管团队是把握企业战略方向的关键，负责对企业全局性事务的管理调控，同时也是决策的执行者，因此大多同时具有决策权和控制权。根据众多学者的研究发现，高管团队往往是由董事长、副董事长、首席执行官、首席运营官以及总裁等构成。国内学者魏利群和王智慧（2002）的研究认为，高管团队应该划分为战略决

策团队和执行团队：战略决策团队往往负责制订企业的决策方案，通常由公司创始人和高水平职业经理人来担任；执行团队则由总经理、总裁、副总经理、副总裁、财务总监等管理人员构成。受限于数据来源的困难，众多研究表明，在对高管成员进行界定时，学者们通常会参考公司披露的信息，而这类信息的客观性难以测量。本书在前人研究的基础上，参考多数学者的界定方案，选取董事长、董事（含独立董事）、总经理、副总经理、财务总监等高级管理人员作为高管团队。在实践中，基于高管团队认知视角这些成员将对企业的未来成长、企业的经营效率和效益产生重要影响（如图 5 - 1 所示）。高管团队以其认知背景为基础参与企业的生产经营，因此需要关注管理者的个性特征，如年龄、学历、专业背景、任职经历等，从而对企业的创新行为和团队内部的运作效进行更深入的研究。

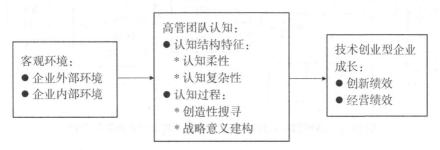

**图 5 - 1　高管团队认知视角下技术创业型企业成长逻辑关系**

技术创业型企业成长与高管团队的能力紧密相关，而高管团队的能力依赖于团队成员所提供的资源，包括认知、技术、人际关系和人格特质。1984 年，Hambrick 和 Mason 提出"高层梯队理论"。该理论的研究表明，高管团队的战略选择与企业成长具有相关性，高管团队的特征可以用来预测企业成长。高管团队理论还认为，高层管理者根据个人的认知能力和偏好、价值观等所做出的战略选择决定了企业成长的路径。

## 5.1.2　高管团队认知特征视角下技术创业型企业成长逻辑分析

高层管理者在决策过程中往往带入自己的认知基础和价值观，高管认知对技术创业型企业成长的影响也同样受到认知柔性、认知复杂性的影响，不同的认知柔性和认知复杂性构成不同的高管团队认知结构，同时在创造性搜寻和战略意义建构的认知过程中，高管团队的学习氛围、学习经历、职业经历、年龄也潜移默化地影响着技术创业型企业管理者的认知过程和能力，从而进一步影响企业的战略选择和决策，为技术创业型企业的成长提供支撑，具体如图5-2所示。

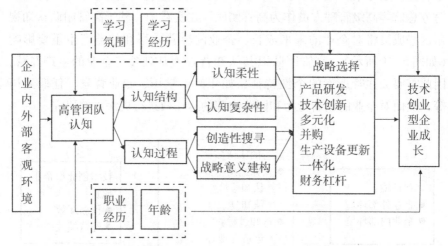

图5-2　高管团队认知特征视角下技术创业型企业成长逻辑

现阶段我国处于经济转型时期，技术创业型企业作为中国众多企业中的新兴力量，对于促进创新、解决就业、带动经济具有重要作用。基于技术创业型企业的发展现状以及规模小、绩效提升快、对市场信息敏感等特点，其高管团队的认知结构，尤其在企业初创期就存在的管理者的价值观和心智模式，会潜移默化地形成整个企业的文化和企业的标签。高层管理者针对企业发展制订的决策会在很大程度上影响企业的未来发展，并最终影响技术创业型企业成长。

### 1. 高管团队学习氛围与技术创业型企业成长

高管团队学习氛围是指管理者获取信息和知识的渠道多样性，了解行业发展前沿知识，识别外部新知识的用处，外部信息能在团队内部自由流动，内部知识和经验能在团队内部普遍分享，高管团队成员之间能经常交流和沟通等，从而形成特定的认知结构和思考过程。认知柔性高的管理者较认知柔性低的管理者更能敏锐地感知市场环境、技术环境的变化，有效地辨识影响企业发展的机会和威胁，获取并有效处理新的信息，进而为企业战略选择提供所需要的决策支撑，使其能够主动调整战略以适应环境变化。相关研究也表明，认知柔性能够促使管理者在机会识别的过程中灵活应对突发情况。除此之外，认知柔性还表现为在动态环境中能够迅速适应和有效学习的能力。这些认知方面的优势特征对技术创业型企业的成长和创新都会产生积极影响。

首先，高管团队学习氛围会对管理者认知模式产生一定的作用。良好融洽的学习氛围是管理者成功解决战略问题的关键，拥有高认知柔性的管理者在考虑解决方案时会尽可能避免陷入思维刚性，当遭遇危机或发觉企业战略方向走偏时，高认知柔性的管理者往往能够承担起帮助企业及时转变发展路径的重任，从而使企业更好地把握机会，更好地适应。

其次，团队学习氛围会影响管理者的认知复杂性，拥有较高认知复杂性的管理者在匹配机会和企业多样资源的过程中效率会更高，同时能够更好地权衡创新战略与企业资源的关系，注重对注意力机制的调节，促进技术创业型企业成长。

### 2. 高管团队学习经历与技术创业型企业成长

技术创业型企业规模较小，属于整个经济系统中的新兴群体，其发展速度快，但根基薄弱。高管引导着整个企业发展的方向，高管的个人决策特征影响着企业的成长性，甚至决定了企业的兴衰。我国技术创业型企业的高管团队成员学历水平集中分布在本科和硕士，说明技术创业型企业高管的学历普遍较高，尤其是大部分处于企业核心领导地位的董事长和总经理拥有硕士学位。在制定发展战略时，技术创业型企业的高管们会利用其更深层次的认知能力，制定出有助于公司稳健成长的战略，信息处理速度更快，决策实施度更高。

相关研究也表明，企业高管的教育背景对于企业绩效和经营能力有着正向的影响，技术创业型企业成长也同样如此，董事长及总经理这类处于技术创业型企业核心地位的领军人物，其独特的创业眼光、卓越的胆识、丰富的经验和阅历都源于受教育水平较高，并且高管团队的平均受教育程度高意味着企业高管团队人力资本存量更多，拥有的综合信息量更高，高管团队制定决策和处理问题的能力更强，进而正向影响企业的成长。可见管理者受教育水平的高低决定了技术创业型企业的战略布局，甚至决定着企业的兴衰，尤其对于技术创业型企业而言，管理层的教育背景越来越成为需要重视和考虑的因素。

### 3. 高管团队职业经历与技术创业型企业成长

相关研究表明，在技术创业型企业发展战略的制定和实施过程中，企业高管人员过去的任职经历使得他们累积了丰富的管理经验，能够反映其管理认知或者心智模式。拥有不同从业背景、不同工作经历的高管，能够将管理、财务、法律、金融等各个不同专业领域的成员汇集在一起，形成新的观点和信息的多样化。不同职业经历的高管团队，受过往职业经验、知识的影响，拥有更好地处理多元问题的能力；高管团队成员个体所具有的矛盾性思维、认知判断能力，与认知模式转换能力可以更好地帮助其在探索与挖掘竞争性活动中进行合理的时间与精力分配、适时而自如地转换，通过影响其认知复杂性从而促进技术创业型企业成长。在丰富的认知模式的影响下，高管团队内部更容易产生高效的问题解决方案，有助于组织中多元化认知模式的相互结合以提高个体认知的效益，有助于对多样化本身产生更高的容忍度以增加组织成员对新颖解决方案的接受度。

我国技术创业型企业的高管，尤其是董事长和总经理在过去的职业经历中从事过不同领域的工作，这将会增加他们在把握企业发展方向时信息和观点的丰富性，从而促使他们采取更加积极主动的创新行为。拥有不同职业经历的高管团队成员具有多样性的观点、知识和背景，能够对各种不同方案进行充分讨论；当企业刚进入一个新领域，面临市场环境和技术环境不确定性程度很高的情况时，具有不同从业经历的高管团队更加适合解决公司初创过程中所面临的各种不确定性问题。

### 4. 高管年龄与技术创业型企业成长

高管团队成员的年龄反映了管理者过去的职业经历、认知能力，同时也反映了管理者对于风险承担和创新变革的态度。不同年龄阶段的管理者会经历不同的经济环境，其所处的不同时代背景也会使其形成不同的价值观和视野，从而对企业发展战略产生重要的影响。由不同年龄段构成的高管团队，由于其思维模式、学习经历、工作经验的不同，更容易形成多元化决策的氛围，这样的团队也更容易催生出创新的思想，具有更大的创新性，会增加企业决策的多样性，从而促进企业持久、稳健地成长。高管年龄层的均衡分布使团队的信息解读过程更高效，在一定程度上影响了团队认知结构，不同年龄段的管理者能够从多维度对特定信息进行解释；与此同时，管理者年龄的均衡分布能够有效提高团队在相矛盾和对立的决策中准确找到平衡点。

我国技术创业型企业的经营环境受到整个经济转型期和全球化的影响变得复杂而多变。在这种情况下，如果高管团队的年龄异质性越大，则越不利于企业快速形成决策，最终导致决策质量不高，企业成长迟缓。因此，我国技术创业型企业在构建高管团队时，需要充分考虑团队成员年龄的差异性，适度控制成员的年龄差距，使其维持在较小的范围内，从而使年龄相近的管理者更便利地进行沟通，提高企业决策效率，最终提高技术创业型企业的成长质量。

## 5.1.3　技术创业型企业高管团队认知的影响因素分析

由上述分析可知，高管团队认知特征对技术创业型企业成长过程中的战略决策产生至关重要的作用，而高管认知结构的形成与其影响因素息息相关。鉴于此，以下将对技术创业型企业高管团队认知的影响因素进行分析。

### 1. 高管团队学习氛围

高管团队学习氛围主要包括技术创业型企业管理者获取信息和知识的渠道是否广泛多样，是否了解最新的行业发展前沿知识，从而利用新知识、新概念迅速识别机会。同时，团队学习氛围也强调高管团队知识共享的氛围和环境，重视外部信息在团队内部的自由流动、团队内部共享知识和经验以及管理者团队成员之间平等正常的交流。

从管理者获取信息和知识的渠道多样性层面而言，团队成员各自都有其获得信息、经验以及先验知识的方法。高管团队成员多元化的信息获取渠道有利于形成完整系统的信息获取通道，信息、经验及先验知识渠道的多元化也意味着所获知识的多样性，从而增加高管团队的知识存量、丰富高管团队的认知模式。

从了解行业发展前沿知识的层面而言，越是了解行业动态、掌握前沿知识的高层管理者学习能力越强，团队整体的内驱力也越强。由于前沿知识的获取不仅为技术创业型企业的发展和成长服务，同样也潜移默化地促使管理者在企业战略决策过程中拥有更多先进的知识及经验，增加个体的知识厚度，有利于管理者在行业内的积累和成长。

从信息流动的自由程度以及知识共享普及程度来看，信息、知识流动与传递速度快、知识共享气氛浓的高管团队，其企业文化的包容性也更强，企业集体学习的环境也更开放，有利于管理者在信息、经验及先验知识的交流和学习中，碰撞出更多的创意思维，从而产生新的观点和认知；受高管团队学习环境、学习氛围的影响，技术创业型企业高管认知的可延展性更强，也更容易探寻到市场和技术的创新机会。

从高管团队成员间的正常对话和交流层面而言，一般技术创业型企业的组织结构以扁平型、哑铃型为主，原因是这类企业的核心业务是研究开发、营销运作或客户关系管理、技术或产品的集成，重视采用 OEM 运营模式，把大部分劳动密集型业务予以外包，从而压缩了内部的科层机构。因此，在技术创业型企业中，高管团队成员之间的交流不仅有利于信息高效流通，而且解决方案的有效性也会有所提高。这种简单高效的交流方式也会影响整个团队的认知结构和认知过程。

### 2. 高管团队学习经历

高管团队学习经历，一方面包括企业高管的学历程度、毕业院校、所修专业等客观教育经历，管理者之间是否具有不同的专业知识，是否拥有互补的知识技能，以及这些因素对高管团队认知和心智模式的影响；另一方面还包括管理者们是否有机会参与行业内的技术讲座和参与研讨会的频次，因为通过这些渠道获得的经验与知识的专业度更高，与本行业紧密相关，可应用性和可操作性更强。通过以上两种渠道的学习与进修，高管团队学习经历逐渐丰富，其知识广度和深度都有一定程度的提高，在行业范围内为企业解决问题的整体能力得到提升。

就受教育程度和专业技能而言，企业在人力资源规划过程中需要考虑管理者的受教育程度及所学专业是否符合企业的发展需求，受教育程度较高的管理者其视野更开阔、思考问题的方式更多元，如果整个团队的大部分管理者都是高学历管理者，则有助于形成学习型组织，营造良好的信息沟通环境，不同的管理者之间的交流也会成为其彼此相互学习和共同进步的有效通道，对于拓展整个决策层的思维有重要意义。同时，团队内不同专业的管理者有利于多领域、多学科的知识共享以及互补性技能的产生，在面对复杂问题时高管团队能够从多角度思考并提供全面的解决方案，多维度的知识结构和专业架构也会潜移默化地促进团队创意思维的产生，从而影响整个团队的认知模式乃至心智模式。

Hambrick 和 Mason（1984）发现，受教育程度可以反映一个人的个性特征、认知方式和价值观念，他们证实了高管教育程度与创新能力成正相关。高管团队的平均学历越高，越有利于克服有限理性和选择性认知的制约，从而充分利用有限的信息做出适合企业发展的战略选择。对于技术创业型企业而言，尤其需要企业内的高层管理者具备高等教育背景，掌握更为丰富的专业知识，拥有战略性的决策思维和远见，从而在企业发生重大事件及危机时，做出适合企业的、有助于企业长期经营发展的战略决策。

### 3. 高管团队职业经历

高管团队职业经历主要包括高管团队成员职业来源的多样性、团队内部职业技能的互补性，以及丰富的工作经历和较长的工作年限。高管团队职业经历通过团队的认知模式和认知过程影响企业对创新机会的把握和与企业成长相关的战略决策。从职业经历的丰富程度而言，职业经历丰富的管理者意味着其过往从事的职业更加多样，从业时间相对较长，一般工作年限在 5 年以上，长时间、多领域、跨行业的职业经历使管理者拥有扎实多元的实践经验以及丰富的先验知识。管理者在职业生涯中积累的经验构成了其情感、偏好和认知的一部分。职业经历较为丰富的高管感知信息的能力更强，能够从自己所从事过职业的角度出发进行决策，有利于整个团队形成丰富的认知模式，提高团队的认知需要。受职业经历的影响，团队整体的认知能力更强。

Mount 等（1998）认为，团队中附和性的人是友好合作型的，能够很好地与他人共事，是团队沟通交流的润滑剂，尤其在处理高难度、复杂的突发性事件时，附和性的人会使团队整体的灵活性、合作性更好，团队内部对多元文化、观点和意见的包容性也更强。从团队内部拥有互补的职业技能角度来看，由拥有丰富职业经历的管理者组成的高管团队，其互补性知识和技能容量更大，更能引发有效、开放的行为和更加准确的认知，具有更准确的预测能力，有利于团队整体形成完整的知识架构，从而取得更好的绩效。一些互补性的知识和技能有时就是管理者们创意思维迸发的结果，互补性知识较多的企业其创造能力更强，高管团队探寻新概念、新机会的积极性也更强。

Geletkanycz 和 Black（2001）的研究表明，具有如财务、市场营销、法律和一般管理等传统职业路径的高管对战略现状的忠诚度较高。Jensen 和 Zajac（2004）的研究发现，具有财务背景的首席执行官更倾向于进行多元化管理。可见丰富的职业经历潜移默化地影响着管理者们的思维模式和认知路径，从而使高管团队成员职业经历的多样性对技术创新和管理创新产生促进作用。这主要是因为管理者在过往的工作经历中会累积相关的工作经验，在不同的岗位上形成了不同领域的专业化的认知模式和知识结构。这些丰富的工作经历会使得管理者的思维模式更加灵活，对技术创新和管理创新有一定的促进作用。

### 4. 高管团队年龄

高管团队年龄对高管团队认知的影响包括两个方面：一方面是团队成员年龄差距对团队整体认知结构和认知过程的影响；另一方面是团队成员年龄层分布的均衡程度对团队认知模式的影响。高管成员的年龄会影响其自身的创造力，即产生新颖、实用想法的能力。一般而言，在知识密集型企业中，年轻的管理者对于探索创新元素、发现新概念与新观点的意愿更强，其创造力也更强。创新活动就是将管理者在诸多方面的创造性成果进行连接整合，从而产生更多创新项目。个体的创造能力是团队创新行为的发端，企业的创新过程也可以理解为从具体创意思维再到概念化产品投入生产的过程，而高管的年龄特质影响着这一过程。通过前人的研究可知，高管团队成员年龄势必会对团队整体的认知结构和认知过程产生影响，进而影响企业创新活动的进行和机会识别的精准程度。

从团队成员年龄差距的层面而言，高管团队成员中较为年轻的管理者更愿意尝试多元化的战略和创新、创造性的战略行为，更愿意对公司的创新战略做出重大的改变，促使年轻管理者的认知思维更多元，勇于打破旧有的制度框架；年龄较大的管理者的冒险行为相对更少，更关注理性认知指导下的战略决策过程。可见年龄影响高管团队的认知柔性和认知复杂性，在创造性搜寻和战略性意义建构的认知过程中，高管团队年龄的差距也产生了有差异的作用机理，高管团队整体的年龄结构会影响企业整体的工作效能和盈利状况。

从团队成员年龄层分布的均衡程度来看，年轻的管理者愿意冒险、创新动力十足。但这并不意味着高管团队成员应该都是年轻的管理者，只有合理分布不同年龄层的管理者到不同岗位发挥其价值和作用，才能充分提高团队整体的创新动力和成长内驱力。因此，只有团队成员年龄层分布均衡，高管团队整体的认知能力才能更高，认知方式的融合程度才能更恰当，团队运作的整体效能也才能显著提高。由此可见，团队成员年龄层分布通过影响团队成员的认知柔性和认知复杂性，进而影响企业成长和创新发展。

## 5.2 高管团队认知视角下技术创业型企业创新机会识别的逻辑框架

企业新产品开发主要由企业高层管理人员组成的研发团队负责,研发团队的人员特征、组织结构等直接关乎产品研发的成败。创新机会识别作为新产品开发过程中的前期阶段更离不开高管团队的管理。因此,研究高管团队认知与技术创业型企业创新机会识别的关系显得非常重要(如图 5 – 3 所示)。

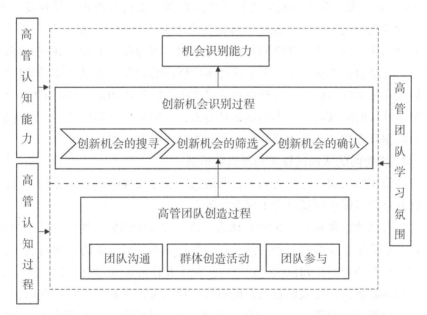

图 5 –3    高管团队认知视角下技术创业型企业创新机会识别框架

### 1. 高管团队认知能力与创新机会识别

高管认知能力是指高层管理者能够从动态复杂的环境中辨识出对战略决策有用的信息并运用于战略决策中的能力,以及在外部环境发生变化时调适战略的能力。Yoo 等(2008)从社会行为视角出发,发现认知能力对企业创新有正向影响。Wofford(2010)发现,认知能力高的人对信息和机会的预测往往更加准确，面对复杂问题时能够有更多解决方法和创意，从而产出更高的绩效。Yasemin 等（2013）发现，认知能力高的团队能够把握问题的本质做出切实可行的决策，并能有效执行，最终达到战略目标。在复杂多变的环境下，创新机会识别不同于一般的目标决策，其不确定性、模糊性较高，信息需求量更大，在机会识别过程中更需要高管团队拥有较高的认知能力和更为专业的决断能力，以此在信息筛选过程中，利用其高认知能力把复杂环境简单化，以促进机会的有效识别。由此可见，高管认知能力决定了创新机会的识别程度，直接影响了技术创业型企业成长。

高管团队认知异质性指高管对企业战略目标的信念和偏爱的不同程度。有学者发现，高管认知异质性高时能够扩充整体战略认知基础，增加对内外部信息的灵敏度，更有利于辨识出有用信息和机会。Anderson 等（1996）也发现，董事会成员认知异质性有利于新技术和新产品开发。还有学者发现，高管团队的多样性与创新决策显著正相关。基于权变理论，同质性团队适合解决常规性问题；异质性团队因为拥有不同的观点和知识结构，更适合解决动态性、复杂性和风险性高的问题。可见认知异质性高的团队在辨识创新机会、发现创意的过程中更能发挥团队优势；同时，认知异质性高的团队智力资本的储备量更大，能够减少认知偏差，从而能更好地根据任务目标进行战略调整，有利于创新机会识别。

### 2. 高管团队认知过程与创新机会识别

高管团队认知过程分为两类，即创造性搜寻和战略性意义建构。这两类认知过程对促进创新机会识别至关重要。

学者潘德扎和索普（2009）认为，认知过程中的创造性搜寻这一阶段是探索企业未来发展的一种新的模式，搜寻中不稳定因素的出现有利于打破团队原有的老旧认知模式，这一过程的主要任务是通过有意识的搜寻信息、概念和机会，促成创新机会识别的顺利完成，从而帮助企业在创新行为方面取得可观成效。克罗森等（1999）也有类似观点，他们认为，创造性搜寻意味着组织有意识地搜寻与识别创新机会以及整合进一步探索识别创新机会所必需的知识，高层管理者们往往在创造性搜寻的认知过程中就开始了创新机会的识别和辨识。可见，高管认知过程与创新机会识别的过程息息相关。

认知过程中的另一步骤是战略性意义建构，其往往伴随创造性搜寻进行。这一阶段主要是在搜寻过程中的不确定性因素逐渐减小的情况下，开始强调企业业务走向的战略构建。这一阶段是团队认知过程的进一步深化，也更能表现出管理者的专业水平和技能，从而最大程度地发挥管理者的知识结构与机会融合匹配的优秀能力。这种具有追溯性的意义建构的认知过程，是驱使管理者理解新能力发展内部过程的一种方式。通过这一阶段的认知，机会的模糊性逐渐减小，机会的可辨识度更加清晰，高管知识的升级有利于其更准确地识别促进企业成长的创新机会。

## 5.3　高管团队认知视角下创新机会识别与技术创业型企业成长逻辑

通过前文分析可知，高管团队认知结构、认知过程对技术创业型企业成长产生重要影响，认知结构包括认知柔性和认知复杂性，认知过程包括创造性搜寻和战略性意义建构，不同的认知柔性和认知复杂性会对高管识别信息、解读机会产生不同的影响，与此同时认知结构和认知过程也受到高管团队学习氛围、学习经历以及职业经历、高管成员年龄的影响，而这些影响高管团队整体认知的因素，为形成多样化的认知模式提供了支撑（如图5-4所示）。

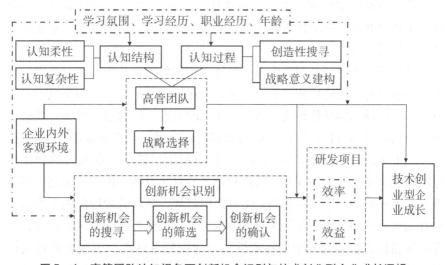

图5-4　高管团队认知视角下创新机会识别与技术创业型企业成长逻辑

基于上述对高管团队认知的研究，我们结合 Barr 等（1992）的战略变革模型，构建了高管团队认知视角下创新机会识别与技术创业型企业成长模型，模型的核心包括：①技术创业型企业成长需要高管团队在认知模式方面做出改变；②当环境变化时，已经过时的高管团队认知难以及时有效地识别技术创业型企业的创新机会；③高管不仅要对市场和技术环境密切关注，还要对所获取的创新机会信息进行正确的解读，这对于技术创业型企业成长和战略变革更为重要；④高管团队认知的改变需要一定的时间，需要一个学习的过程，不可能一蹴而就。

产品创新是技术创业型企业持续成长的必经之路。高管团队做出的战略选择势必会影响创新机会识别的效果以及研发项目的效率和效益，进而对企业成长产生影响。综上所述，高管团队认知、创新机会识别与技术创业型企业成长的作用机理可以从高管团队学习氛围、学习经历、职业经历、年龄四个视角来探析。

**1. 高管团队学习氛围对创新机会识别与技术创业型企业成长的作用机理**

从高管团队学习氛围影响团队整体认知结构的视角而言，高管团队学习氛围为认知柔性的提升营造了融洽的环境，通过认知柔性提高团队整体在多变环境中的捕捉市场技术机会、适应动态下解读信息的方式，进而以更丰富和多样的认知方式来解释战略矛盾性问题。在团队学习氛围的带动下，管理者在探索与挖掘竞争性活动中更容易自如地进行思维与认知转换，也将更有可能推动技术创业型企业的研发创新活动和有利于企业持久成长的经营活动。

从高管团队学习氛围影响团队整体认知过程的视角而言，高管团队学习氛围通过影响创造性搜寻的认知过程，在信息量最集中、知识层次最丰富的这一阶段识别新的模式、概念、知识的观点，随后进入管理者战略性意义建构的认知过程，解读、精确识别新信息时，利用知识的交汇融合、思维的汇集碰撞产生更多新的观点，进而制定最适合企业发展的创新战略，促进企业实现适应性与一致性相结合的双元发展。由于技术创业型企业长期发展有倾向于结构化和效率导向的趋势，高层管理团队迫于当前生存压力而在认知、决策与行为等方面也更容易偏向挖掘性领域。因此，要平衡创新机会识别过程中的探索性活动和挖掘性活动，实现企业持久成长，就需要"通过不平衡来达到平衡"，即通过在认知、决策与行为等方面适当倾向于探索性活动以克服组织结构化与效率导向趋势。

**2. 高管团队学习经历对创新机会识别与技术创业型企业成长的作用机理**

高管团队学习经历越丰富，管理者思维的开阔性和延伸性就越强；高学历管理者变革的动力越强，愿意探索新的领域、接受新的概念和观点，团队的创新意愿就越强。对于技术创业型企业而言，创新则是维持企业获取持续竞争优势的源泉。在制定发展战略时，受教育程度较高的管理者会利用其更深层次的认知能力，制定出有助于公司稳健成长的战略，而且其信息处理速度更快，决策实施度更高。尤其是董事长及总经理这类处于技术创业型企业核心地位的领军人物，他们视野宽广、胆识过人，其相对丰富的经验和阅历都是根源于较高的受教育程度。高管团队的平均受教育程度高意味着企业高管团队人力资本存量更多，那么势必会增加组织内部的信息量。决策者拥有了充分的信息，使得其决策能力得到提高，从而做出有助于企业持久成长的战略选择。在长期的教育过程的影响下，管理层所处的教育环境在价值观的塑造方面起了极大的作用，由此，受教育程度的不同也意味着管理层对于事物、环境的认知不同，其价值观念也不相同。价值观和认知基础是高管们的心理特质反映，其心理特征的差异性往往带来企业战略行为的差异。技术创业型企业高管团队在创新机会识别的过程中也会采取不同的管理方式，而不同学历的管理者因受教育程度的差异对于同一事物的不同看法有时能够产生互补的作用。因此，适当保持技术创业型企业高管团队成员在受教育程度方面的异质性，有助于企业在研发创新方面的进步，催生出更多的创意，从而有助于企业的持久成长。

**3. 高管团队职业经历对创新机会识别与技术创业型企业成长的作用机理**

董事长及总经理这类把握技术创业型企业发展方向的决策者，其过往的职业经历越丰富，说明其在生产、营销、管理的各个领域均积累了一定的经验，对市场的敏感度更强，更容易识别潜在的市场机会。决策者根据其丰富的市场经验评价新产品的构思，能够准确地判断产品方案能否被市场接受。拥有不同从业背景、不同工作经历的高管，能够将管理、财务、法律、金融等各个不同专业领域的成员汇集在一起，形成新的观点，促进信息的多样化，从而有助于形成可行性更高的研发项目规划，并提高研发项目的效率和效益，最终实现企业成长。

我国技术创业型企业的高管，尤其是董事长和总经理的职业背景异质性较大，在过去的职业经历中从事过不同领域的工作，这将会增加他们在创新机会识别过程中观点的丰富性和稳健性。职业经历较多的管理者往往更容易接受新生事物，对于创新行为更加积极主动，进而通过研发创新来促进企业成长。从权变理论的视角来看，我们发现，例行事件由同质性团队解决会有更高的质量，而对于例外问题、突发事件则由职业背景异质性较高的团队解决更为适合，因为拥有不同职业经历的高管团队成员具有多样性的观点、知识和背景，能够对各种不同方案进行充分讨论。当企业刚进入一个新的领域，面临市场环境和技术环境不确定性程度很高时，具有不同从业经历的高管团队更加适合解决公司创业过程中所面临的各种不确定性问题。因此，在创新机会识别阶段，往往需要职业背景异质性相对较高的管理者组成的高管团队来识别真正有前景的市场机会，筛选出受市场欢迎的创新机会，进行研发项目的规划，以最终实现技术创业型企业的持续成长。

### 4. 高管团队年龄对创新机会识别与技术创业型企业成长的作用机理

技术创业型企业的高管团队平均年龄往往反映了管理层的价值观和认知基础，会影响整个团队的战略决策和行为。年轻的管理者思维活跃、更富有创意，往往更愿意尝试冒险，在创新机会识别过程中会比年纪大的管理者更容易识别潜在的发展机会，在产品构思、产品方案筛选、产品定义的过程中能够提出比较新颖的观点和想法，更愿意推动产品的创新，也更容易接受新概念和新产品，从而有利于研发项目更高效进行，进而促进企业成长。然而，技术创业型企业的战略决策并不仅仅只是依靠年轻的管理者，还要根据研发项目的需要以及产品创新的进程在各个年龄阶段选择不同比例的管理者组成高管团队，做出适合研发项目的战略选择，从而使创意产生的创新机会识别更有效地进行。例如在创新机会识别过程中的机会识别、产品构思阶段可以利用年轻管理者敢于冒险、偏好创新的优势以年轻管理者为主提出战略选择；当进入产品方案筛选和产品定义的阶段，则需要以年纪较大的管理者为主做出战略决策，因为年纪较大的管理者对产品和市场积累了多年的经验，与年轻管理者相比，对于市场的信号能够做出更准确的判断，从市场的角度对产品进行定义，经过年纪较大的管理者对产品构思方案的筛选和定义，新产品更容易被市场所接受。不同年龄段的高管成员组合在一起，能够提高新产品研发的成功率，最终帮助企业持续成长。

综上所述，在高管认知过程中，适当强调创造性搜寻的认知探索过程，对多样化信息进行逻辑抽象和整合性思考，吸收与整合多样化信息以丰富原有认知模式，适时暂停以进行重新评估并思考方向等认知方式将会有助于技术创业型企业的创新机会识别和战略选择。根据图 5-4 可知，在认知过程的创造性搜寻阶段，技术创业型企业高层管理者搜寻信息的过程就是辨识创新机会的过程，其间会受到高管团队学习氛围、学习经历、职业经历、年龄的影响，进而在创新机会和信息解读阶段，即在战略意义建构过程深化对所识别的创新机会的探索和开发。整个认知过程受高管背景特征的影响，并对战略决策和选择产生重要作用，从而在创新机会搜寻、创新机会筛选、创新机会确认阶段发挥作用，促进技术创业型企业成长。同时，在技术创业型企业高层管理者的认知过程中，要注意高管团队受其年龄的影响可能在团队内容需要理性认知和感性认知的交互融合。理性认知更强的管理者其思维更缜密，处理信息的逻辑能力更强；感性认知更强的管理者往往依靠对市场的敏感度、直觉和认知习惯做出决策。两种认知方式的有效结合能够促进团队整体认知双元能力的提升，促进企业成长。

## 5.4　本章小结

本章首先从高管团队认知理论的视角，分析了高管团队认知对技术创业型企业成长的理论机制，着重强调了高管团队认知柔性、认知复杂性对技术创业型企业成长的影响；从认知能力和认知过程的视角分析了高管团队认知、创新机会识别与技术创业型企业成长的作用机理，认为整个认知过程受高管团队背景特征的影响，对技术创业型企业战略决策和选择产生重要作用。

随后，从高管团队认知视角分析创新机会识别与技术创业型企业成长机理，从高管团队学习氛围、学习经历、职业经历、年龄四个视角探析不同认知模式下高管团队在技术创业型企业成长过程中的创新机会识别与投资决策，进而影响技术创业型企业的战略变革行动及企业成长绩效。

101

# 第6章 我国技术创业型企业成长的研究假设与问卷设计

经过前文对高管团队认知、创新机会识别以及技术创业型企业成长的深入研究，我们对所涉及的理论内容有了全面的了解。本章主要在前文所述内容的基础上，提出本研究假设，通过对相关变量进行设计和测量，并对问卷进行发放和回收，为接下来的实证部分提供理论依据和基础。

## 6.1 理论假设

### 6.1.1 创新机会识别与技术创业型企业成长

技术创业型企业与大型企业相比，在创新资源、人力资源、物质资源以及金融资源方面，通常受到许多限制与约束。产品创新是技术创业型企业持续成长的必经之路，新产品开发的高风险性和资源消耗性使得作为产品开发前期阶段的创新机会识别阶段管理显得尤为重要。创新机会识别指新产品开发过程中的前期阶段，整个创新机会识别由创新机会的搜寻、创新机会的筛选和创新机会的确认三个阶段构成。在分析创新机会识别与技术创业型企业成长时，我们有必要从这三个方面进行理论假设。

#### 1. 创新机会的搜寻与技术创业型企业成长

作为创新机会识别第一步的机会搜寻，其关键就在于确定机会的来源。Singh（2000）认为，创新机会是建立在商业创意基础之上的，它是技术创业型企业高级管理人员通过其特有的想象力和把握商业机会的能力所创造的机会。机会搜寻是创新机会识别这一过程的初始阶段，管理者需要从复杂的市场、技术信息中寻找最可行的创新项目，从而促进技术创业型企业成长。技术创业型企业如果能搜寻到好的创新机会，就能顺利地开展研发创新活动，促进企业创新发展。基于以上分析，提出研究假设 H1。

H1：创新机会的搜寻对技术创业型企业成长产生正向影响。

### 2. 创新机会的筛选与技术创业型企业成长

创新机会的筛选是技术创业型企业成长的竞争优势的来源。对于技术创业型企业而言，产品研发、项目研发决定了企业的竞争力，技术创业型企业战略包括产品差异化战略、成本领先战略与业务聚焦战略，而创新机会的筛选迎合了创新战略对技术创业型企业的影响，可谓至关重要。新产品开发创新机会筛选与项目的开发成本、开发时间、可能的产品优势以及项目的成败直接相关，有效的创新机会筛选可以降低开发成本，缩短开发时间，提升产品市场认可度，加大产品在市场中的竞争优势。所以，在新产品开发过程中，创新机会筛选对产品研发的成功意义重大，是技术创业型企业市场竞争的优势来源。技术创业型企业要定期根据市场和技术的进步轨迹，调整企业的研发规划，提高机会筛选效率，并顺势推出全新的产品或服务，从而推动企业的成长。基于以上分析，提出研究假设 H2。

H2：创新机会的筛选对技术创业型企业成长产生正向影响。

### 3. 创新机会的确认与技术创业型企业成长

创新机会的确认是研发项目组织根据研发项目目标，在项目开始实施前，明确研发项目的任务、安排任务进度、编制完成任务所需的资源预算等，对研发项目实施工作所进行的各项活动做出周密的安排。在前期的确认过程中，企业通过预测未来项目实施中可能遇到的问题以及面临的风险，提出解决问题、应对风险的有效方案、方针、措施和手段，可以有效保证研发项目的顺利实施（陈劲、武蓓，2009）。此外，Cooper 和 Kleinschmidt（1990，1994）发现，在新产品研发的过程中，起决定性作用的是创新机会确认中新概念、新构思的质量，以及研发项目的规划和执行。通过对创新机会的不断评估和确认，管理者最终能够确定企业的研发机会。

通过加强创新机会的确认和实施，可以有效降低新产品开发过程中的风险，提高研发成功率，促进技术创业型企业的成长。基于以上分析，提出研究假设 H3。

H3：创新机会的确认对技术创业型企业成长产生正向影响。

## 6.1.2　高管团队认知的调节效应

高管团队认知可以从认知结构和认知过程两个角度进行理解，本书认为，高管团队认知主要受高管团队学习氛围、高管团队学习经历、高管团队职业经历以及高管团队年龄的影响。

### 1. 高管团队学习氛围的调节作用

高管团队的学习氛围反映的是企业高层管理者在日常的生产经营中，广泛学习和沟通交流的程度。如果在整个管理团队中大部分成员都是学习型管理者，这将有助于企业形成学习型组织，营造良好的信息沟通环境；同时，不同管理者之间的交流也会成为彼此相互学习进步的有效通道，对于拓展整个决策层的思维有重要意义。在创新机会搜寻阶段，技术创业型企业高层管理者搜寻信息的过程就是辨识创新机会的过程，其间会受到高管团队学习氛围和学习环境的影响，进而在机会和信息解读阶段即创新机会的筛选和确认阶段影响整个认知过程，对企业战略决策和选择产生重要作用，从而在机会筛选、机会确认、机会开发阶段发挥作用，促进技术创业型企业成长。同时，在技术创业型企业高管团队学习的过程中，要注意团队学习与团队沟通的融合，两者融合过程中对高管团队学习的强调，能将缜密分析或专注的理性思考与基于情感、直觉或习惯的感性交流方式相结合，将会有助于提升管理者的认知性双元能力，促进技术创业型企业成长。因此，提出研究假设 H4a、H4b 和 H4c。

H4a：高管团队学习氛围的提高，会增强创新机会的搜寻对技术创业型企业成长的有利影响。

H4b：高管团队学习氛围的提高，会增强创新机会的筛选对技术创业型企业成长的有利影响。

H4c：高管团队学习氛围的提高，会增强创新机会的确认对技术创业型企业成长的有利影响。

## 2. 高管团队学习经历的调节作用

学习经历能够相对直观地反映出一个团队的知识水平、思考能力、认知水平以及对于新事物和新概念的接受程度。有研究发现，管理者的学习经历越丰富，对于变革创新以及组织绩效越有正向的积极影响。相关研究证实，高管团队学习经历越丰富，越能更好地适应外部环境的突发改变，并且在组织中越容易成为创新项目的影响者（Wiersema and Bantel，1992；伶爱琴 等，2012）。也有研究通过实证表明，学历更高的人在信息的处理能力、新想法的接受能力，以及面对多变复杂局势的承受能力等方面表现得更好（Kimberly，1981；Dollinger，1984）。因此，在创新机会识别过程中，高管团队学习经历越丰富，越能快速地适应环境的变化，越能准确地把握创新机会识别中市场提供的机会，察觉和接受企业所需要的变革与创新，做出良好的研发项目规划，强化创新机会识别对技术创业型企业成长的积极作用。对于技术创业型企业而言，尤其需要企业内的高层管理团队接受高等教育，掌握更为丰富的专业知识，拥有战略性的决策思维和远见，从而在企业发生重大事件及危机时，做出适合企业的、有助于企业长期经营发展的战略决策。基于以上分析，提出研究假设 H5a、H5b 和 H5c。

H5a：高管团队成员学习经历的丰富，会增强创新机会的搜寻对技术创业型企业成长的有利影响。

H5b：高管团队成员学习经历的丰富，会增强创新机会的筛选对技术创业型企业成长的有利影响。

H5c：高管团队成员学习经历的丰富，会增强创新机会的确认对技术创业型企业成长的有利影响。

## 3. 高管团队职业经历的调节作用

Hambrick 和 Mason（1984）的高阶理论认为，高管的职业经历往往会对其解读信息、处理问题的方式产生影响，而这些最终会影响企业成长。国内学者马富萍（2011）研究发现，具有研发和营销职业经历的管理者在新的公司中往往能够准确地进行市场定位，抓住市场机会，能够准确地预知技术创新的成果是否迎合多变的消费者需求，因此他们更多地关注技术创新所带来的产出结果，更容易接受新的观念和创新。高管团队成员职业的多样性对技术创新和管理创新具有促进作用，主要是因为管理者在过往的工作经历中会累积相关的工作经验，在不同的岗位上形成了不同领域的专业化的认知模式和知识结构，这些丰富的工作经历会使得管理者的思维模式更加灵活，对技术创新和管理创新有一定的促进作用。Geletkanycz Black（2001）的研究表明，具有诸如财务、市场营销、法律和一般管理等传统职业路径的高管对战略现状的忠诚度较高。Jensen 和 Zajac（2004）的研究发现，具有财务背景的首席执行官更倾向于进行多元化创新和管理。基于以上分析，提出研究假设 H6a、H6b 和 H6c。

H6a：高管团队成员职业经历的增多，会增强创新机会的搜寻对技术创业型企业成长的有利影响。

H6b：高管团队成员职业经历的增多，会增强创新机会的筛选对技术创业型企业成长的有利影响。

H6c：高管团队成员职业经历的增多，会增强创新机会的确认对技术创业型企业成长的有利影响。

### 4. 高管团队年龄的调节作用

通常年龄能够反映出一个人的阅历、经验以及过往职业生涯中的经历，通过年龄还可以预知在特定领域中高管的能力和经验。随着年龄的增长，人的知识结构会趋于老化，认知以及思考能力不再如年轻时敏捷，尤其对于变革和创新也秉承一种排斥的态度，同样对于新环境、新概念、新观点的学习能力和适应能力也逐步弱化，对于环境的适应和变通能力也不再如从前。高层管理者年龄越大，更趋向于规避风险和寻求稳定，其在进行决策时越趋于保守。在一个市场以及技术高度不确定的环境中，高管团队平均年龄越大，越难以把握市场及技术变化提供的有利的创新机会，也更缺乏对创新机会把握的有效规划。

相比之下，年轻的管理者精力旺盛且更富激情，相对于年龄较大的管理者，年轻的管理者更容易接受新思想，更善于创新和尝试新鲜事物，也更愿意承担风险，能够通过不断变革和创新来提高企业绩效

（Carlson，1970；朱治龙，2004），使得企业有较大的成长空间。在不确定因素较多的环境下，年轻的高管团队具备更高的应变能力和创新能力，能更好地适应市场及技术的变化，更好地把握机会，更乐于接触史无前例的、充满不确定因素的创新行为，积极进行技术创新和产品研发，其活跃的思维对于识别创新机会也能够提出更多新的概念和创意。因此，较年轻的高管团队会加强良好的创新机会识别对于技术创业型企业成长的影响，即平均年龄较高的高管团队会减弱创新机会识别对技术创业型企业成长的影响。基于以上分析，本文提出研究假设 H7a、H7b和 H7c。

　　　　H7a：高管团队平均年龄的增大，会降低创新机会的搜寻对技术创业型企业成长的有利影响。
　　　　H7b：高管团队平均年龄的增大，会降低创新机会的筛选对技术创业型企业成长的有利影响。
　　　　H7c：高管团队平均年龄的增大，会降低创新机会的确认对技术创业型企业成长的有利影响。

## 6.1.3　研究理论框架

　　本书基于创新机会识别的视角，从创新机会的搜寻、创新机会的筛选和创新机会的确认三个维度入手，考察创新机会识别对技术创业型企业成长的重要影响。最后，引入高管团队认知作为调节变量，考察高管团队学习氛围、高管团队学习经历、高管团队职业经历和高管团队年龄对创新机会识别与技术创业型企业成长关系的影响程度，从而构建了影响三者关系的模型（如图 6 - 1 所示）。

## 6.2　变量选择与测量

　　本书涉及的主要研究变量有三个，分别是高管团队认知、创新机会识别和技术创业型企业成长。其中，高管团队认知的测量包括了高管团队学习氛围、高管团队学习经历、高管团队职业经历和高管团队年龄四个维度；创新机会识别的测量包括了创新机会的搜寻、创新机会的筛选和创新机会的确认三个维度；技术创业型企业成长的测量包括经营绩效和创新绩效两个维度。最后，对本书所研究的企业进行了控制变量的测量。

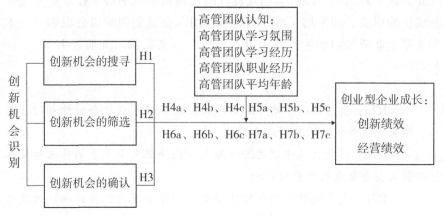

图 6－1　研究理论框架

## 6.2.1　高管团队认知的测量

本书关于高管团队认知的测量包括了高管团队学习氛围、高管团队学习经历、高管团队职业经历和高管团队年龄四个维度进行问卷调查的量表设计。

关于高管团队学习氛围的量表设计主要参考了 Wiersema 和 Bantel（1992）、Kimberly（1981）关于团队学习氛围的量表，从企业高管团队获取信息和知识的渠道、团队内部相互分享知识和经验、成员之间的对话和沟通等方面来考察高管团队认知。

关于高管团队学习经历的量表设计则主要参考了李宏伟和张建君（2007）的测量，从团队成员的学历、知识技能等相关的六个题项进行设计。

关于高管团队职业经历的量表设计则主要参考了 Hambrick 和 Mason（1984）、马富萍（2011）的测量研究，从高管团队成员的工作经历、工作年限等四个题项进行设计。

关于高管团队年龄的量表设计主要参考了 Jackson 和 Bantel（1989）、Bergh（2001）的相关研究，共两个问题。

上述关于高管团队认知量表的题项见表 6-1。

表 6-1 高管团队认知的测度量表

| 变量名称 | 测量问题项 | 参考来源 |
|---|---|---|
| 高管团队学习氛围 | 企业高管团队获取信息和知识的渠道广泛多样 | Wiersema 和 Bantel（1992）、Kimberly（1981） |
| | 企业高管团队能够了解最新的行业发展前沿知识 | |
| | 企业高管团队能够很快识别外部新知识的用处 | |
| | 外部信息能够在团队内部自由流动 | |
| | 企业高管团队内部相互分享知识和经验非常普遍 | |
| | 企业高管团队成员之间能经常进行对话和沟通 | |
| 高管团队学习经历 | 企业高管团队成员大多拥有本科及以上学历 | 李宏伟和张建君（2007） |
| | 企业高管团队成员大多毕业于"双一流"高校 | |
| | 企业高管团队成员拥有不同的专业知识 | |
| | 企业高管团队成员拥有互补的知识技能 | |
| | 企业高管团队与大学和科研机构联系频繁 | |
| | 企业高管团队成员参加行业技术讲座/研讨会次数频繁 | |
| 高管团队职业经历 | 企业高管团队成员拥有不同的工作经历 | Hambrick 和 Mason（1984）、马富萍（2011） |
| | 企业高管团队成员的职业经历丰富 | |
| | 企业高管团队成员拥有互补的职业技能 | |
| | 企业高管团队成员的工作年限大多超过 5 年 | |
| 高管团队年龄 | 企业高管团队成员年龄范围相差很大 | Jackson 和 Bantel（1989）、Bergh（2001） |
| | 企业高管团队成员年龄层分布均衡 | |

## 6.2.2 创新机会识别的测量

本书从创新机会的搜寻、创新机会的筛选、创新机会的确认三个方面进行了调查问卷设计。其中，关于创新机会的搜寻的问题选项主要参考了 Krafft 等（2008）和罗珉等（2010）的相关研究，关于创新机会的筛选问题主要参考了 Alavi 等（2001）和李文元等（2007）的相关研究，关于创新机会的确认的问卷题目主要参考了 Aspremont 等（1998）和李勇屠等（2002）的相关研究（见表 6-2）。

表 6-2　创新机会识别的测度量表

| 变量名称 | 测量问题项 | 参考来源 |
|---|---|---|
| 创新机会的搜寻 | 企业经常从新闻、报告、展览中寻找创新机会 | Krafft 等（2008）、罗珉等（2010） |
| | 企业经常有意识地收集相关的商业创意 | |
| | 企业经常跟其他企业交流以获取新的创新信息 | |
| 创新机会的筛选 | 企业每年都会划出一定的资金和其他资源支持企业的研发创新活动 | Alavi 等（2001）、李文元等（2007） |
| | 企业有专门的技术团队对潜在的商业创意或创新项目进行可行性分析论证 | |
| | 企业有专门的团队或部门对潜在的商业创意或创新项目进行严格审查 | |
| | 企业经常关注同行业其他企业类似创新项目的研发情况 | |
| 创新机会的确认 | 为开发该项创新机会，企业开发新的技术或工艺以提供产品和服务 | Aspremont 等（1998）、李勇屠等（2002） |
| | 为开发该项创新机会，企业重视发展专利、版权或商标等智力资本 | |
| | 为开发该项创新机会，企业在式样、包装、服务等方面进行改进以推出新产品或新服务 | |
| | 为开发该项创新机会，企业应用现有技术和工艺流程或对其进行改进 | |
| | 为开发该项创新机会，企业对营销方式（如价格、促销手段、销售渠道等）进行调整与改进 | |

## 6.2.3　技术创业型企业成长的测量

本书对技术创业型企业成长的测量主要从两个方面进行考察，分别是创新绩效和经营绩效。创新绩效的问卷题目参考了 Cordero（1990）和 Govindarajan 等（2006）的相关研究，经营绩效则参考了 Ritter 等（2004）

和 Bell（2005）的研究，详见表6－3。

表6－3　技术创业型企业成长的测度量表

| 变量名称 | 测量问题项 | 参考来源 |
|---|---|---|
| 创新绩效 | 企业利用创新机会提高了产品或服务的范围 | Cordero（1990）、Govindarajan 等（2006） |
| | 企业利用创新机会提高了生产能力 | |
| | 企业利用创新机会降低了产品的开发成本 | |
| | 企业利用创新机会使得产品的质量得到了提高 | |
| 经营绩效 | 相对于竞争对手的净利润水平较高 | Ritter 等（2004）、Bell（2005） |
| | 相对于竞争对手的企业净资产回报率较高 | |
| | 对于竞争对手的市场占有率较高 | |
| | 相对于竞争对手的销售收入增长率较快 | |

## 6.2.4　控制变量的测量

在正式进行问卷设计的时候，笔者还对企业名称、企业所在地区、企业成立年份、企业职工人数、企业性质、企业主营业务所在行业、企业近两年平均销售总额等情况进行了问题项的设置，这样就能使研究对象的范围更加明确，力求对样本进行有效控制。另外，问卷还对被调查者个人信息（任职情况、工作部门、工作年限等）和企业所处的发展阶段及创新模式也进行了设置，目的在于能更清晰地检查样本，便于筛选和剔除无效问卷，提高研究信度。最终，本书选取企业所在地区、企业成立时间和企业规模三个控制变量。企业所在地区根据问卷反馈情况划分为珠三角、长三角和长株潭地区，分别赋值1、2、3。企业成立时间划分为小于或等于2年、3到5年、5年以上三个区间，分别赋值1、2、3。企业规模则根据企业近两年平均销售总额划分为小于或等于500万元、500万元到1亿元、1亿元以上三个区间，分别赋值为1、2、3。

## 6.3　问卷设计与回收

### 6.3.1　问卷设计

本书的数据收集主要采取调查问卷的形式，在借鉴李怀祖等（2004）关于统计调查研究的方法和建议基础上，参考国内外学者们问卷设计步骤进行调查问卷的设计。为保证问卷设计的题项符合企业的客观实际情况，使设计的量表达到问卷调查的目的，问卷设计中的量表题项选择按以下步骤进行。

首先，通过阅读和梳理大量文献，对高管团队认知、创新机会识别和技术创业型企业成长等相关理论进行深入研究。在参考现有实证分析量表的基础上，结合我国技术创业型企业现实特点，初步形成了调查问卷的布局和题项。

其次，通过学术研讨和小规模访谈对测量题项的合理性和科学性进行分析，对初始问卷进行适当调整。进入企业进行实地调研和访谈，确定本研究问卷的规范性，对存在歧义和不明确的题项进行适当的修改和调整补充，以完善问卷。

再次，确定题项之后，进行初始问卷的编制。调查问卷包括下列五个部分：企业背景信息问卷、环境不确定性的测量问卷、高管团队认知的测量问卷、创新机会识别的测量问卷、技术创业型企业成长的测量问卷。另外，为了避免问卷被调查者受到相关暗示，降低问卷的可靠性，在本问卷调查过程中未对研究内容和逻辑加以说明。同样，为了保证问卷的有效性，在设计的过程中也尽量避免多重含义和抽象名词的出现，避免复杂语句或引导性词语的出现。

最后，量表和题项设计完成后，为了保证量表设计的合理性和准确性，研究团队在开展大规模调查前将对量表和题项进行了前测（pilot test）：在一定的区域进行小规模的问卷测试，就近发放30份问卷，回收30份，通过相关统计软件进行信度、效度及因子分析，以优化问卷测量题项，并对部分语句和可能引起歧义的题项进行修改。然后，在不同区域内进行问卷大规模正式发放。

问卷的设计主要以客观选择题为主，被调查者除了需要填写自己的基本情况外，其他题项都是让其根据自己的感知对问题按照李克特（Likert）五级分量表的形式对变量进行测量。调查问卷由三个部分组成：第一部分是被调查者的背景资料及企业的基本情况；第二部分是环境不确定性的测量项目；第三部分是高管团队认知的测量项目；第四部分是创新机会识别的测量项目；第五部分是技术创业型企业成长的测量项目。

## 6.3.2　问卷发放与回收

本书通过企业现场回收、电子邮件发放和网络链接答卷等形式进行问卷的发放和回收，保证数据获取的真实有效和准确性。同时，通过对发放区域、渠道和对象的合理控制，尽力排除其他的干扰因素，以获取更高质量的企业数据。

在问卷的发放上，本书主要选择以电子科技、信息软件、生物医药、新能源与环保节能等相关技术创业型企业。

在区域上，本书选择的样本采集主要集中在广东珠三角产业集群带，以江苏、浙江、上海等为主的长三角集群带，长株潭地区的中部产业集群带。

在样本收集的对象选择上，本书选取的主要是面对企业管理阶层和有一定年限企业经验的一线员工，以保证对企业的全面了解，从而提高问卷有效性。

问卷调查收集情况见表 6 - 4。

表 6 - 4　问卷调查收集情况

| 发放形式 | 发放问卷数量/份 | 问卷回收数/份（占比/%） | 问卷有效数/份（占比/%） |
|---|---|---|---|
| 企业现场回收 | 75 | 75（100） | 64（85.3） |
| 电子邮件 | 150 | 113（75.3） | 95（63.3） |
| 电子问卷 | 400 | 179（44.9） | 152（38.0） |
| 合计 | 625 | 367（58.7） | 311（49.8） |

## 6.4　本章小结

本章主要依据理论分析提出研究假设并构建了研究模型，进而设计调查问卷以获取实际数据资料。

首先，对创新机会识别、高管团队认知以及技术创业型企业成长的关系进行了初步的设想并提出假设。

其次，通过阅读和梳理大量文献，对创新机会识别、高管团队认知和技术创业型企业成长等相关理论进行深入研究，参考已有实证分析量表，结合我国技术创业型企业的现实特点，设计了调查问卷的具体题项。

最后，按一定方法对问卷的设计进行修正，采取不同发放形式进行问卷发放和收集以保证问卷的有效性，提高研究所需第一手数据资料的质量。

# 第7章 我国技术创业型企业成长的实证检验

根据前面提出的理论假设和构建的模型，本章对收集的数据进行实证检验，验证理论假设是否成立，并得出相关结论。在多元回归分析中，依次检验前面提出的理论假设，得到高管团队认知、创新机会识别与技术创业型企业成长关系的相关结论，为我国技术创业型企业提高未来成长性提供具有实践意义的结论和贡献。

## 7.1 调研数据分析

### 7.1.1 描述性统计分析

本书对样本企业相关指标包括主营业务所属行业、成立年份、规模、性质、问卷人员任职情况、工作属性等进行描述性统计分析，初步验证样本选取的可信度。

#### 1. 企业主营业务所属行业分布

通过对样本企业主营业务所属行业类型进行汇总整理，得出下列分布情况（见表7-1），本书研究样本选取的行业均属于技术创业型企业，具有比较好的代表性。

表7-1 样本企业主营业务所属行业分布

| 行业 | 样本数量/家 | 占比/% |
|------|------------|--------|
| 电子信息 | 78 | 25.08 |
| 节能环保 | 69 | 22.19 |

续上表

| 行业 | 样本数量/家 | 占比/% |
|---|---|---|
| 生物医药 | 39 | 12.54 |
| 新能源 | 39 | 12.54 |
| 新材料 | 27 | 8.68 |
| 光机电一体化 | 19 | 6.11 |
| 航空航天 | 16 | 5.14 |
| 船舶制造 | 13 | 4.18 |
| 核应用技术 | 5 | 1.61 |
| 其他科技行业 | 6 | 1.93 |
| 合计 | 311 | 100 |

### 2. 样本企业基本结构特征情况

从本书收集的样本企业基本结构特征分布情况来看（见表7-2），企业成立时间在5年以上的占总样本量的58.20%；成立时间3～5年的企业也有18.65%。企业地区分布基本均衡，位于珠三角地区的企业占样本量的44.69%；位于长三角地区的企业占样本量的36.98%；位于长株潭地区的企业占样本量的18.33%。从样本企业性质来看，以民营企业为主，占样本量的63.70%；其次是国有企业，占样本量的17.36%；再次是具有代表性的中外合资或外商独资企业；最后是其他企业。这些不同性质企业的样本收集体现了研究的严谨，同时也保证了所得数据的合理性。

表7-2 样本企业基本结构特征分布情况

| 样本企业基本结构特征 | | 样本数量/家 | 占比/% |
|---|---|---|---|
| 成立时间 | 2 年以下 | 72 | 23.15 |
| | 3～5 年 | 58 | 18.65 |
| | 5 年以上 | 181 | 58.20 |
| 所在地区 | 珠三角 | 139 | 44.69 |
| | 长三角 | 115 | 36.98 |
| | 长株潭 | 57 | 18.33 |

续上表

| 样本企业基本结构特征 | | 样本数量/家 | 占比/% |
|---|---|---|---|
| 企业性质 | 国有 | 54 | 17.36 |
| | 民营 | 198 | 63.70 |
| | 中外合资 | 27 | 12.22 |
| | 外商独资 | 13 | 4.18 |
| | 其他 | 8 | 2.57 |

### 3. 问卷被调查者基本情况

从问卷被调查者基本情况特征分布来看（见表7－3），任职情况中，基层管理者所占比重最大，达到了33.76%，另外，一线员工和中层管理者所占比重也分别达到了22.19%和26.69%。从部门分布看，问卷被调查者在企业所从事的岗位来自管理和技术部门的居多，分别达到了33.12%和30.87%，合计达到六成以上。这样的分布特征，涉及了不同的分布人群，总体看来，问卷被调查者对企业基本情况都有比较深的了解，对问卷所涉及的内容有较高的理解力，这在一定程度上保证了问卷的质量和有效性。

表7－3　问卷被调查者基本情况特征分布

| 问卷被调查者基本情况特征 | | 样本数量/家 | 占比/% |
|---|---|---|---|
| 任职情况 | 一线员工 | 69 | 22.19 |
| | 基层管理者 | 105 | 33.76 |
| | 中层管理者 | 83 | 26.69 |
| | 高层管理者 | 54 | 17.36 |
| 部门分布 | 管理部门 | 103 | 33.12 |
| | 技术部门 | 96 | 30.87 |
| | 生产部门 | 36 | 11.58 |
| | 营销部门 | 35 | 11.25 |
| | 采购部门 | 20 | 6.43 |
| | 其他部门 | 21 | 6.75 |

## 7.1.2 信度检验及分析

在对调查问卷的结果进行分析之前，不仅要对其样本结果进行相关描述性统计，还需要进行问卷测量的信度检验。所谓信度检验，是衡量测量结果内部是否具有一致性和稳定性，及反映结果真实程度的指标（李怀祖，2004）。同一量表不同的题项所得分数误差水平越小，说明不同题项间所得分数并未受被调查者一致性行为所影响，则信度也就越高。本书选取 Cronbach's Alpha 系数检验变量所有题项的相关系数 CITC（corrected item-total correlation），并由此对模型中的变量进行信度检验。据以往经验，测量题项对变量相关系数 CITC 应大于 0.35，测量统一变量题项的 Cronbach's Alpha 系数应大于 0.7。若 CITC 值小于 0.35，则应删去相应题项后对剩下题项进行检验，同时看 Cronbach's Alpha 值有无明显提升（Nunnally et al.，1994；许莉，2012）。

### 1. 创新机会识别的信度检验

表 7-4 是对自变量创新机会识别量表的信度检验结果，结果显示，测量题项中除去 K11 的 CITC 值小于 0.35 外，其他题项的 CITC 值都符合研究要求，因此需要删去题项 K11。

表 7-4 创新机会识别的信度检验结果

| 变量 | 测量题项 | 校正项总计相关性（CITC 值） | 项已删除的 Cronbach's Alpha 值 | Cronbach's Alpha 值 |
|---|---|---|---|---|
| 创新机会的搜寻 | K1 | 0.473 | 0.914 | 0.707 |
| | K2 | 0.481 | 0.913 | |
| | K3 | 0.366 | 0.917 | |
| 创新机会的筛选 | K4 | 0.570 | 0.851 | 0.846 |
| | K5 | 0.703 | 0.795 | |
| | K6 | 0.699 | 0.797 | |
| | K7 | 0.764 | 0.768 | |

续上表

| 变量 | 测量题项 | 校正项总计相关性<br>（CITC 值） | 项已删除的<br>Cronbach's Alpha 值 | Cronbach's<br>Alpha 值 |
|------|----------|------------------------|--------------------------|------------------|
| 创新机会<br>的确认 | K8 | 0.679 | 0.841 | 0.708 |
| | K9 | 0.740 | 0.816 | |
| | K10 | 0.722 | 0.824 | |
| | K11 | 0.245 | 0.913 | |
| | K12 | 0.713 | 0.828 | |

删除 CITC 值均小于 0.35 的相关题项后，创新机会确认变量的 Cronbach's Alpha 值由之前的 0.708 增加到 0.757（见表 7-5），同时从表中可以看出，其余测量变量的 CITC 值均大于 0.35，因此不再需要删除相关题项，量表符合研究要求。

表 7-5　删去相关题项后的创新机会确认变量的信度检验结果

| 变量名称 | 测量题项 | 校正项总计相关性<br>（CITC 值） | 项已删除的<br>Cronbach's Alpha 值 | Cronbach's<br>Alpha 值 |
|----------|----------|------------------------|--------------------------|------------------|
| 创新机会<br>的确认 | K8 | 0.545 | 0.706 | 0.757 |
| | K9 | 0.540 | 0.714 | |
| | K10 | 0.611 | 0.668 | |
| | K12 | 0.536 | 0.712 | |

### 2. 高管团队认知的信度检验

表 7-6 是对调节变量高管团队认知量表的信度检验结果，结果显示，测量题项中 E3、E4、E14 和 E16 的 CITC 值均小于 0.35，因此需要删去相关题项。

删去相关题项后（见表 7-7），高管团队学习氛围变量的 Cronbach's Alpha 值由之前的 0.668 增加到 0.680；高管团队职业经历变量的 Cronbach's Alpha 值由之前的 0.768 增加到 0.815。同时，从表 7-7 可以看出，高管团队学习氛围和职业经历的其余测量题项的 CITC 值均大于 0.35，因此不再需要删除相关题项，量表符合研究要求。

表7-6　高管团队认知变量的信度检验结果

| 变量 | 测量题项 | 校正项总计相关性<br>（CITC值） | 项已删除的<br>Cronbach's Alpha值 | Cronbach's<br>Alpha值 |
|---|---|---|---|---|
| 高管团队<br>学习氛围 | E1 | 0.503 | 0.588 | |
| | E2 | 0.534 | 0.577 | |
| | E3 | 0.232 | 0.680 | 0.668 |
| | E4 | 0.330 | 0.652 | |
| | E5 | 0.444 | 0.611 | |
| | E6 | 0.359 | 0.639 | |
| 高管团队<br>学习经历 | E7 | 0.729 | 0.826 | |
| | E8 | 0.698 | 0.832 | |
| | E9 | 0.660 | 0.839 | 0.863 |
| | E10 | 0.727 | 0.826 | |
| | E11 | 0.737 | 0.826 | |
| | E12 | 0.397 | 0.881 | |
| 高管团队<br>职业经历 | E13 | 0.591 | 0.716 | |
| | E14 | 0.343 | 0.765 | 0.768 |
| | E15 | 0.665 | 0.699 | |
| | E16 | 0.179 | 0.794 | |
| 高管团队<br>年龄 | E17 | 0.638 | 0.704 | 0.785 |
| | E18 | 0.434 | 0.750 | |

表7-7　删去相关题项后高管团队认知变量的信度检验结果

| 变量 | 测量题项 | 校正项总计相关性<br>（CITC值） | 项已删除的<br>Cronbach's Alpha值 | Cronbach's<br>Alpha值 |
|---|---|---|---|---|
| 高管团队<br>学习氛围 | E1 | 0.502 | 0.587 | |
| | E2 | 0.502 | 0.587 | 0.680 |
| | E5 | 0.491 | 0.595 | |
| | E6 | 0.356 | 0.679 | |
| 高管团队<br>职业经历 | E13 | 0.666 | 0.760 | 0.815 |
| | E15 | 0.684 | 0.754 | |

### 3. 技术创业型企业成长的信度检验

表 7 - 8 是技术创业型企业成长量表的信度检验结果，结果显示，所有题项的 CITC 值都超过了 0.5，且经营绩效和创新绩效变量的 Cronbach's Alpha 值达到了 0.867 和 0.887，信度良好，符合量表要求。

表 7 - 8　技术创业型企业成长变量的信度检验结果

| 变量 | 测量题项 | 校正项总计相关性（CITC 值） | 项已删除的 Cronbach's Alpha 值 | Cronbach's Alpha 值 |
|---|---|---|---|---|
| 创新绩效 | P1 | 0.786 | 0.801 | 0.867 |
|  | P2 | 0.732 | 0.824 |  |
|  | P3 | 0.650 | 0.856 |  |
|  | P4 | 0.707 | 0.835 |  |
| 经营绩效 | P5 | 0.730 | 0.862 | 0.887 |
|  | P6 | 0.774 | 0.852 |  |
|  | P7 | 0.722 | 0.864 |  |
|  | P8 | 0.757 | 0.856 |  |

## 7.1.3　效度检验及分析

对量表进行了信度检验后，还需要测量所设定的指标是否能真正衡量出被调查者对待调查事项的准确程度，从而判断结构变量与测量指标间是否存在必然关系（Zikmurid, 1995），这个过程被称为效度检验。本书主要通过内容效度和结构效度对调查问卷进行效度检验。

内容效度（content validity）要求量表能够在一定程度上测度所需衡量事项的准确性和认可度。一般来说，判断内容效度主要看两方面：第一是选取的测量方法是否能真正测量到设计者所要求测量的变量情况；第二是选取的测量工具是否能测量到所要测量的变量。本书在对问卷进行设计和变量选取的过程中，严格按照科学的程序步骤，关于文献综述和模型选择均是在大量理论基础上建立起来的。另外，本研究团队通过实地调查和走访相关企业，对问卷设计进行了修正和整理，参考借鉴专家和学者意见，最终设计形成调查问卷，因此，本书具有较高的内容效度。

结构效度（construct validity）主要是判断问卷中相关题项是否与研究理论具有一致性。因子分析是检验问卷变量结构效度常用的方法之一，其可以较好检验研究测量变量间是否有一套规范的测度题项（吴明隆，2003）。因此，本书采用因子分析方法对结构效度进行检验。首先，根据因子分析法，采用 KMO（Kaiser-Meyer-Olkin）样本测度和巴特利特（Bartlett）球体检验对各变量测量题项之间相关性进行分析。然后，根据结构效度分析相关方法，选取主成分分析法进行因子分析，对相关因子据其特征根大于 1 的原则和最大方差法进行旋转从而得出结果。由经验方法判断，KMO 值大于或等于 0.7，且各题项载荷系数绝对值都大于 0.5 时，表示可以将题项合并为一个因子并进行下一步分析。另外，Bartlett 球体检验的 $\chi^2$ 统计值达到显著性水平（$P < 0.1$）时，说明数据是具有相关性的。下面我们将按照上述方法对量表进行因子分析。

1. 创新机会识别的因子分析

通过上一节信度检验的初步简化题项，创新机会识别共有 11 项需要进行因子分析，其中创新机会的搜寻有 3 项，创新机会的筛选有 4 项，创新机会的确认有 4 项。首先，对各变量进行 KMO 值和 Bartlett 球体检验，然后用主成分分析法进行因子分析，得到如图 7-9 所示的检验结果。

表 7-9　创新机会识别的因子分析与效度测量结果

| 变量 | 测量题项 | 因子载荷 | KMO 度量值 | Bartlett 球体检验显著性概率/P | 累积方差/% |
|---|---|---|---|---|---|
| 创新机会的搜寻 | K1 | 0.796 | 0.712 | 0.000 | 57.804 |
| | K2 | 0.798 | | | |
| | K3 | 0.681 | | | |
| 创新机会的筛选 | K4 | 0.739 | 0.790 | 0.000 | 68.660 |
| | K5 | 0.842 | | | |
| | K6 | 0.844 | | | |
| | K7 | 0.883 | | | |
| 创新机会的确认 | K8 | 0.819 | 0.802 | 0.000 | 71.158 |
| | K9 | 0.860 | | | |
| | K10 | 0.851 | | | |
| | K12 | 0.843 | | | |

注：提取方法为主成分法，旋转法为具有 Kaiser 标准化的正交旋转法。

根据表 7 - 9 创新机会识别变量的 KMO 值和 Bartlett 球体检验结果来看，各变量的 KMO 值均大于 0.7，该组数据 Bartlett 球体检验显著性概率为 0.000，小于 0.1，说明该变量数据适合做因子分析。

从表 7-9 中旋转后的因子载荷系数来看，各题项对应的因子载荷系数均大于 0.5，因此，创新机会识别变量具有较好的效度，可做进一步的实证分析。

### 2. 高管团队认知的因子分析

通过上一节信度检验的初步简化题项，高管团队认知共有 14 项需要进行因子分析。从表 7 - 10 中可以看出，高管团队认知变量的 KMO 值均大于 0.7，同时，该组数据 Bartlett 球体检验显著性概率为 0.000，小于 0.1，说明该组变量数据适合做因子分析。

表 7 - 10　高管团队认知的因子分析与效度测量结果

| 变量 | 测量题项 | 因子载荷 | KMO 度量值 | Bartlett 球体检验显著性概率/P | 累积方差/% |
|---|---|---|---|---|---|
| 高管团队学习氛围 | E1 | 0.752 | 0.727 | 0.000 | 51.184 |
| | E2 | 0.756 | | | |
| | E5 | 0.746 | | | |
| | E6 | 0.596 | | | |
| 高管团队学习经历 | E7 | 0.830 | 0.859 | 0.000 | 60.126 |
| | E8 | 0.808 | | | |
| | E9 | 0.776 | | | |
| | E10 | 0.836 | | | |
| | E11 | 0.835 | | | |
| | E12 | 0.516 | | | |
| 高管团队职业经历 | E13 | 0.822 | 0.790 | 0.000 | 58.004 |
| | E15 | 0.825 | | | |
| 高管团队年龄 | E17 | 0.877 | 0.821 | 0.000 | 61.034 |
| | E18 | 0.601 | | | |

注：提取方法为主成分法，旋转法为具有 Kaiser 标准化的正交旋转法。

从表 7 - 10 中旋转后的因子载荷系数来看，各题项对应的因子载荷系数均大于 0.5，因此，高管团队认知变量具有较好的效度，可做进一步的实证分析。

### 3. 技术创业型企业成长的因子分析

根据表 7-11 技术创业型企业成长变量的 KMO 值和 Bartlett 球体检验结果来看，KMO 值为 0.858，大于 0.7，该组数据 Bartlett 球体检验显著性概率为 0.000，小于 0.1，说明该变量数据适合做因子分析。

表 7-11　技术创业型企业成长的因子分析与效度测量结果

| 变量 | 测量题项 | 因子载荷 | KMO 度量值 | Bartlett 球体检验显著性概率/P | 累积方差/% |
|------|---------|---------|-----------|------------------------------|-----------|
| 创新绩效 | P1 | 0.890 | 0.798 | 0.000 | 71.625 |
| | P2 | 0.857 | | | |
| | P3 | 0.797 | | | |
| | P4 | 0.838 | | | |
| 经营绩效 | P5 | 0.831 | 0.860 | 0.000 | 69.128 |
| | P6 | 0.867 | | | |
| | P7 | 0.830 | | | |
| | P8 | 0.855 | | | |

注：提取方法为主成分法，旋转法为具有 Kaiser 标准化的正交旋转法。

从表 7-11 中旋转后的因子载荷系数来看，各题项对应的因子载荷系数均大于 0.5，因此，技术创业型企业成长变量具有较好的效度，可做进一步的实证分析。

## 7.2　相关性分析

为了研究和探讨高管团队认知、创新机会识别与技术创业型企业成长之间的关系，需要对所有因素进行相关性分析。本书运用 SPSS 24.0 统计软件，并采用 Pearson（皮尔逊）相关分析方法进行相关性分析（见表 7-12）。

从相关性分析结果来看，创新机会识别与技术创业型企业成长各变量之间基本都存在显著的正相关性，初步验证了之前的研究假设。同时，企业地区、企业年龄和企业规模与大部分的变量，特别是技术创业型企业成长的变量间都存在一定的相关性。因此，在后面的回归分析中将主要考虑企业地区、企业年龄和企业规模三项控制变量。

表 7 – 12　各变量的 Pearson 相关性分析

| 变量 | 机会搜寻 | 机会筛选 | 机会确认 | 创新绩效 | 产出绩效 | 企业地区 | 企业年龄 | 企业规模 |
|---|---|---|---|---|---|---|---|---|
| 机会搜寻 | 1 | | | | | | | |
| 机会筛选 | 0.201*** | 1 | | | | | | |
| 机会确认 | 0.139** | 0.677*** | 1 | | | | | |
| 创新绩效 | 0.230*** | 0.653*** | 0.681*** | 1 | | | | |
| 经营绩效 | 0.255*** | 0.696*** | 0.686*** | 0.825*** | 1 | | | |
| 企业地区 | 0.178*** | -0.187*** | -0.105* | -0.122** | -0.136** | 1 | | |
| 企业年龄 | 0.171*** | 0.055 | 0.058 | 0.115** | 0.052 | -0.003 | 1 | |
| 企业规模 | -0.168** | 0.121* | 0.095*** | 0.125** | 0.166*** | -0.145* | -0.347** | 1 |

注：*、**、***分别表示双尾检验显著性水平为 10%、5%、1%。

## 7.3　多元回归分析

在进行了信度、效度和相关性分析后，初步验证调查问卷能在很大程度上解释本书提出的假设，因此，接下来将采用多元回归模型针对提出的假设进行验证。根据之前提出的假设，本书主要进行的回归检验包括：以创新机会识别为自变量，技术创业型企业成长为因变量的模型检验（假设 H1、H2、H3）；以高管团队认知为调节变量，创新机会识别对技术创业型企业成长影响程度的模型检验（假设 H4a、H4b、H4c、H5a、H5b、H5c、H6a、H6b、H6c、H7a、H7b、H7c）。下面对各个假设进行一一验证。

### 7.3.1 多重共线性检验

为了保证多元回归结果具有科学性和稳定性，本书将对各变量进行多重共线性的检验。一般来说，方差膨胀因子（variance inflation factor, VIF）指数是用来衡量是否存在多重共线性问题的最主要方式之一，当 VIF 指数小于 10 时，不存在多重共线性问题（朱平芳，2004），因此本书运用 SPSS 24.0 对回归模型中各变量进行 VIF 计算，判断模型是否存在多重共线性问题，结果见表 7 – 13。

表 7 – 13　各变量多重共线性检验结果

| 解释变量 | 被解释变量 | | | |
|---|---|---|---|---|
| | 容差 | VIF | 容差 | VIF |
| 创新机会的搜寻 | 0.781 | 1.281 | — | — |
| 创新机会的筛选 | 0.384 | 2.606 | — | — |
| 创新机会的确认 | 0.403 | 2.482 | — | — |
| 高管团队学习氛围 | — | — | 0.586 | 1.707 |
| 高管团队学习经历 | — | — | 0.685 | 1.459 |
| 高管团队职业经历 | — | — | 0.601 | 1.572 |
| 高管团队年龄 | — | — | 0.618 | 1.617 |
| 企业所在地区 | 0.811 | 1.233 | 0.841 | 1.188 |
| 企业成立时间 | 0.820 | 1.219 | 0.845 | 1.183 |
| 企业规模 | 0.765 | 1.308 | 0.788 | 1.269 |

从上述检验结果来看，本书所有解释变量在各模型中的容差均大于 0.1，且 VIF 值均小于 10，因此本书模型可以进行多元回归分析，回归结果是可靠和稳定的。

### 7.3.2 创新机会识别与技术创业型企业成长的回归分析

运用多元回归对创新机会识别与技术创业型企业成长的关系进行实证检验，主要检验回归系数正负和显著性问题，判断两者之间是否存在直接关系及关系程度如何，具体包含两个步骤，分别进行创新机会识别与创新绩效和经营绩效的回归分析（模型 1 - 1、模型 1 - 2），结果见表 7 - 14。

表 7 - 14　创新机会识别与技术创业型企业成长关系的回归分析

| 变量名称 | | 技术创业型企业成长 | |
|---|---|---|---|
| | | 模型 1 - 1<br>（创新绩效） | 模型 1 - 2<br>（经营绩效） |
| 常数 | | - 0.537 **<br>( - 2.350) | - 0.315<br>( - 1.168) |
| 创新机会识别 | 机会搜寻 | 0.494 ***<br>(7.673) | 0.478 ***<br>(7.591) |
| | 机会筛选 | 0.133 **<br>(2.369) | 0.236 ***<br>(4.286) |
| | 机会确认 | 0.046 *<br>(1.852) | 0.098 **<br>(1.844) |
| 控制变量 | 企业地区 | - 0.007<br>( - 1.106) | - 0.048<br>( - 0.738) |
| | 企业年龄 | 0.117 *<br>(1.899) | 0.052<br>(0.861) |
| | 企业规模 | 0.150 **<br>(2.284) | 0.167 ***<br>(2.588) |
| Adjusted-$R^2$ | | 0.358 | 0.384 |
| F 值 | | 24.298 | 27.015 |

注：***、**、*分别表示显著性水平为 1%、5%、10%，括号内为各系数的 t 值。

从表 7 - 14 可以看到，机会搜寻与技术创业型企业成长在 1% 水平下显著正相关，模型 1 - 1 和模型 1 - 2 影响关系程度一致。这表明企业机会搜寻水平越高，技术创业型企业成长越好，其结果支持了假设 H1。在模型 1 - 1 中，机会筛选与创新绩效的系数为 0.133，且在 5% 水平下显著；在模型 1 - 2 中，机会筛选与经营绩效的系数为 0.236，且在 1% 水平下显著。这说明企业机会筛选越好，越有利于技术创业型企业的创新增长，以上结果支持了假设 H2。在模型 1 - 1 中，机会确认与创新绩效的系数为 0.046，且在 10% 水平下显著；在模型 1 - 2 中，机会确认与经营绩效的系数为 0.098，且在 5% 水平下显著。这说明企业在进行创新时对于机会的确认越准确，越有利于促进技术创业型企业成长，以上结果支持了假设 H3。

### 7.3.3　高管团队认知的调节效应分析

对作为调节效应的高管团队认知进行实证检验主要分三个步骤：首先，不考虑高管团队认知因素，检验控制变量与自变量对因变量作用的实证；其次，加入高管团队认知因素，作为调节变量，分别检验高管团队学习氛围、高管团队学习经历、高管团队职业经历和高管团队年龄等因素对创新机会识别与技术创业型企业成长是否有影响。通常来说，乘积相乘组成的变量之间会存在比较严重的多重共线性问题，为了去除这种影响，本书首先对调节变量进行了标准化处理，再将处理了的变量进行相乘的运算。另外，在回归分析过程中，本书也对共线性问题进行了检测，没有发现明显的共线性问题。

#### 1. 高管团队学习氛围的调节效应检验

表 7 - 15 是对高管团队学习氛围的调节效应进行实证检验，分析高管团队学习氛围对创新机会识别与技术创业型企业成长关系的调节效应。模型 2 - 1、2 - 2 是在模型 1 - 1、1 - 2 创新机会识别对技术创业型企业成长的回归基础上加入高管团队学习氛围后的检验结果，模型 3 - 1、3 - 2 是在模型 2 - 1、2 - 2 的基础上加入高管团队学习氛围与创新机会识别的交叉变量的检验结果。

表 7 - 15　高管团队学习氛围的调节效应结果

| 变量名称 | 创新绩效 | 创新绩效 | 经营绩效 | 经营绩效 |
| --- | --- | --- | --- | --- |
| | 模型 2 - 1 | 模型 3 - 1 | 模型 2 - 2 | 模型 3 - 2 |
| 常数 | - 0.584** | - 0.631*** | - 0.379* | - 0.372* |
| | ( - 2.556) | ( - 2.747) | ( - 1.738) | ( - 1.694) |
| 机会搜寻 | 0.081* | 0.084** | 0.112*** | 0.140** |
| | (1.916) | (1.962) | (2.753) | (2.540) |

续上表

| 变量名称 | 创新绩效 | 创新绩效 | 经营绩效 | 经营绩效 |
| --- | --- | --- | --- | --- |
| | 模型 2－1 | 模型 3－1 | 模型 2－2 | 模型 3－2 |
| 机会筛选 | 0.213*** (3.494) | 0.212*** (3.461) | 0.235*** (4.032) | 0.243*** (4.129) |
| 机会确认 | 0.308*** (5.181) | 0.302*** (5.089) | 0.253*** (4.456) | 0.247*** (4.358) |
| 高管团队学习氛围 | 0.084** (2.030) | 0.067* (1.773) | 0.059* (1.690) | 0.066* (1.738) |
| 机会搜寻×高管团队学习氛围 | — | 0.005* (1.515) | — | 0.034 (1.015) |
| 机会筛选×高管团队学习氛围 | — | 0.079** (1.957) | — | 0.048** (1.864) |
| 机会确认×高管团队学习氛围 | — | 14.5% (2.163) | — | 0.070 (1.195) |
| 企业地区 | 0.070 (1.221) | 0.073 (1.279) | 0.031 (0.572) | 0.030 (0.545) |
| 企业年龄 | 0.101** (2.012) | 0.110** (2.173) | 0.034 (0.705) | 0.027 (0.577) |
| 企业规模 | 0.111** (2.062) | 0.117** (2.126) | 0.135*** (2.66) | 0.142*** (2.704) |
| Adjusted-$R^2$ | 0.590 | 0.594 | 0.625 | 0.627 |
| F 值 | 33.330 | 24.724 | 38.507 | 28.242 |

注：***、**、* 分别表示显著性水平为 1%、5%、10%，括号内为各系数的 t 值。

由表 7－15 可以看出，在模型 2－1 中，控制变量企业年龄和企业规模对企业创新绩效有显著的正向影响，加入创新机会识别、高管团队学习氛围的交叉变量后，仍然具有较强的解释能力。在模型 3－1 中，高管团队学习氛围与经营绩效在 5% 水平下正相关，说明高管团队学习氛围对技术创业型企业成长有正向影响。机会确认与高管团队学习氛围的交互项回归系数在 5% 水平下显著，并表现出对被解释变量 14.5% 的解释能力，说明高管团队学习氛围正向调节机会确认对企业创新绩效起到促进作用，即高管团队学习氛围程度越高，机会确认对企业绩效的影响效应会有所加强。机会筛选与高管团队学习氛围的交互项回归系数在 5% 水平下显著，并表现出对被解释变量 7.9% 的解释能力，说明高管团队学习氛围正向调节机会筛选对企业创新绩效存在促进作用，即高管团队学习氛围程度越高，机会筛选对企业创新绩效的影响效应会有所增强。模型 3－2 表示的经营绩效回归分析中，高管团队学习氛围与机会搜寻、机会确认的交叉项并没有通过显著性检验。以上实证结果部分支持了假设 H4a、H4b、H4c 的成立。

**2. 高管团队学习经历的调节效应检验**

用同样的方法对高管团队学习经历的调节效应进行实证检验，结果见表 7－16。模型 4－1、4－2 是引入高管团队学习经历后，创新机会识别和技术创业型企业成长的回归结果。模型 5－1、5－2 是在自变量和调节变量的基础上加入创新机会识别与高管团队学习经历的交叉变量的检验结果。

表 7－16　高管团队学习经历的调节效应结果

| 变量名称 | 创新绩效<br>模型 4－1 | 创新绩效<br>模型 5－1 | 经营绩效<br>模型 4－2 | 经营绩效<br>模型 5－2 |
|---|---|---|---|---|
| 常数 | -0.526**<br>(-2.275) | -0.540**<br>(-2.300) | -0.332*<br>(-1.705) | -0.354*<br>(-1.606) |
| 机会搜寻 | 0.080*<br>(1.866) | 0.086**<br>(2.002) | 0.110***<br>(2.692) | 0.112***<br>(2.741) |
| 机会筛选 | 0.219***<br>(3.578) | 0.211***<br>(3.354) | 0.239***<br>(4.097) | 0.240***<br>(4.035) |
| 机会确认 | 0.313***<br>(5.268) | 0.308***<br>(5.072) | 0.256***<br>(4.524) | 0.267***<br>(4.654) |
| 高管团队学习<br>经历 | 0.068*<br>(1.618) | 0.070*<br>(1.640) | 0.057*<br>(1.723) | 0.069*<br>(1.707) |
| 机会搜寻×高管<br>团队学习经历 | — | 0.043*<br>(1.707) | — | 0.015<br>(0.402) |
| 机会筛选×高管<br>团队学习经历 | — | 0.036*<br>(1.626) | — | 0.105*<br>(1.912) |

续上表

| 变量名称 | 创新绩效 | 创新绩效 | 经营绩效 | 经营绩效 |
|---|---|---|---|---|
| | 模型 4 - 1 | 模型 5 - 1 | 模型 4 - 2 | 模型 5 - 2 |
| 机会确认 × 高管团队学习经历 | — | 0.038 * | — | 0.062 |
| | | (1.641) | | (1.106) |
| 企业地区 | 0.039 | 0.045 | 0.007 | - 0.008 |
| | (0.679) | (0.766) | (0.126) | ( -0.135) |
| 企业年龄 | 0.103 ** | 0.098 * | 0.035 | 0.025 |
| | (2.038) | (1.898) | (0.736) | (0.510) |
| 企业规模 | 0.114 ** | 0.115 ** | 0.136 *** | 0.133 ** |
| | (2.111) | (2.092) | (2.642) | (2.558) |
| Adjusted-$R^2$ | 0.588 | 0.585 | 0.625 | 0.628 |
| F 值 | 33.039 | 23.842 | 38.466 | 28.376 |

注：\*\*\*、\*\*、\* 分别表示显著性水平为 1%、5%、10%，括号内为各系数的 t 值。

由表 7 - 16 可以看出，在模型 4 - 1 中，控制变量企业年龄和企业规模对企业创新绩效有显著的正向影响，加入创新机会识别和高管团队学习经历的交叉变量后，仍然具有较强的解释能力。模型 4 - 1 表示的经营绩效回归分析中，高管团队学习经历与经营绩效在 10% 显著性水平下正相关，说明高管团队学习经历越丰富对技术创业型企业成长越有正向促进作用。在模型 5 - 2 中，机会筛选与高管团队学习经历的交互项回归系数在 10% 水平下显著，并表现出对被解释变量 10.5% 的解释能力，说明高管团队学习经历正向调节机会筛选对企业经营绩效起到促进作用，即高管团队学习经历越丰富，机会筛选对企业经营绩效的正向影响效应越明显。在模型 5 - 1 中，创新机会识别与高管团队学习经历的各项的交互项回归系数均在 10% 水平下显著，并表现出对被解释变量较强的解释能力，说明高管团队学习经历正向调节创新机会识别对技术创业型企业创新绩效起到促进作用，即高管团队学习经历越丰富，创新机会识别对企业创新绩效的正向影响也会越强。以上实证结果部分支持了假设 H5a、H5b、H5c 的成立。

### 3. 高管团队职业经历的调节效应检验

表 7 - 17 是高管团队职业经历调节效应的检验结果。模型 6 - 1、6 - 2

是引入高管团队职业经历后，创新机会识别和技术创业型企业成长的回归结果。模型 7-1、7-2 是在自变量和调节变量的基础上加入创新机会识别与高管团队职业经历的交叉变量的检验结果。

表 7-17　高管团队职业经历的调节效应结果

| 变量名称 | 创新绩效 | 创新绩效 | 经营绩效 | 经营绩效 |
| --- | --- | --- | --- | --- |
| | 模型 6-1 | 模型 7-1 | 模型 6-2 | 模型 7-2 |
| 常数 | -0.577** | -0.605*** | -0.369* | -0.299* |
| | (-2.506) | (-2.600) | (-1.691) | (-1.749) |
| 机会搜寻 | 0.084* | 0.084* | 0.107*** | 0.113*** |
| | (1.952) | (1.928) | (2.614) | (2.716) |
| 机会筛选 | 0.218*** | 0.230*** | 0.228*** | 0.231*** |
| | (3.499) | (3.571) | (3.857) | (3.763) |
| 机会确认 | 0.316*** | 0.303*** | 0.261*** | 0.260*** |
| | (5.297) | (5.022) | (4.609) | (4.522) |
| 高管团队职业经历 | 0.013** | 0.008** | 0.051** | 0.034** |
| | (2.323) | (2.190) | (2.322) | (2.859) |
| 机会搜寻×高管团队职业经历 | | 0.050** | | 0.072* |
| | | (2.189) | | (1.809) |
| 机会筛选×高管团队职业经历 | | 0.087** | | 0.030** |
| | | (2.333) | | (2.488) |
| 机会确认×高管团队职业经历 | | 0.066* | | 0.032** |
| | | (2.082) | | (2.551) |
| 企业地区 | 0.059 | 0.063 | 0.026 | 0.019 |
| | (1.039) | (1.089) | (0.470) | (0.339) |
| 企业年龄 | 0.099** | 0.102** | 0.031 | 0.016 |
| | (1.965) | (1.986) | (0.653) | (0.331) |
| 企业规模 | 0.121** | 0.128** | 0.139*** | 0.137*** |
| | (2.235) | (2.356) | (2.710) | (2.632) |
| Adjusted-$R^2$ | 0.584 | 0.590 | 0.625 | 0.625 |
| F 值 | 32.552 | 24.311 | 38.407 | 28.018 |

注：***、**、*分别表示显著性水平为 1%、5%、10%，括号内为各系数的 t 值。

　　由表 7 – 17 可以看出，在模型 6 – 1 中，控制变量企业年龄和企业规模对企业创新绩效有显著的正向影响，加入高管团队职业经历和创新机会识别的交叉变量后，仍然具有较强的解释能力。模型 7 – 1 表示的经营绩效回归分析中，高管团队职业经历与机会搜寻的交互项回归系数在 10% 水平下显著，并表现出对被解释变量 5% 的解释能力，说明高管团队职业经历正向调节机会搜寻对企业创新绩效存在促进作用。机会筛选与高管团队职业经历的交互项回归系数在 5% 水平下显著，并表现出对被解释变量 8.7% 的解释能力，说明高管团队职业经历正向调节机会筛选对企业创新绩效起到促进作用。在模型 6 – 2 中，控制变量企业规模引入交互项后同样显示较强的解释能力，说明企业规模对经营绩效有显著正向作用。在模型 7 – 2 中，机会搜寻与高管团队职业经历的交互项回归系数为 0.072，且在 10% 水平下显著，说明高管团队职业经历提高了企业机会搜寻能力，增强了企业经营绩效。此外，机会筛选、机会确认与高管团队职业经历的交叉项都通过显著性检验。以上实证结果全部支持了假设 H6a、H6b、H6c 的成立。

### 4. 高管团队年龄的调节效应检验

　　表 7 – 18 是对高管团队年龄的调节效应进行实证检验，分析高管团队年龄对创新机会识别与技术创业型企业成长关系的调节效应。模型 8 – 1、8 – 2 是加入高管团队年龄后的检验结果，模型 9 – 1、9 – 2 是在模型 8 – 1、8 – 2 的基础上加入创新机会识别与高管团队年龄的交叉变量的检验结果。

表 7 – 18　高管团队年龄的调节效应结果

| 变量名称 | 创新绩效 | 创新绩效 | 经营绩效 | 经营绩效 |
| --- | --- | --- | --- | --- |
| | 模型 8 – 1 | 模型 9 – 1 | 模型 8 – 2 | 模型 9 – 2 |
| 常数 | – 0.584 ** | – 0.631 *** | – 0.379 * | – 0.372 * |
| | ( – 2.556 ) | ( – 2.747 ) | ( – 1.738 ) | ( – 1.694 ) |
| 机会搜寻 | 0.081 * | 0.084 ** | 0.112 *** | 0.140 ** |
| | (1.916) | (1.962) | (2.753) | (2.540) |
| 机会筛选 | 0.213 *** | 0.212 *** | 0.235 *** | 0.243 *** |
| | (3.494) | (3.461) | (4.032) | (4.129) |
| 机会确认 | 0.308 *** | 0.302 *** | 0.253 *** | 0.247 *** |
| | (5.181) | (5.089) | (4.456) | (4.358) |

续上表

| 变量名称 | 创新绩效 | 创新绩效 | 经营绩效 | 经营绩效 |
|---|---|---|---|---|
| | 模型 8－1 | 模型 9－1 | 模型 8－2 | 模型 9－2 |
| 高管团队年龄 | －0.084* | －0.067 | －0.059 | －0.066 |
| | （－1.630） | （－1.073） | （－1.090） | （－1.038） |
| 机会搜寻×高管团队年龄 | | －0.005 | | －0.034 |
| | | （－1.215） | | （－1.015） |
| 机会筛选×高管团队年龄 | | －0.079* | | －0.048 |
| | | （－1.657） | | （－1.864） |
| 机会确认×高管团队年龄 | | －0.145 | | －0.070 |
| | | （－1.163） | | （－1.195） |
| 企业地区 | 0.070 | 0.073 | 0.031 | 0.030 |
| | （1.221） | （1.279） | （0.572） | （0.545） |
| 企业年龄 | 0.101** | 0.110** | 0.034 | 0.027 |
| | （2.012） | （2.173） | （0.705） | （0.577） |
| 企业规模 | 0.111** | 0.117** | 0.135*** | 0.142*** |
| | （2.062） | （2.126） | （2.66） | （2.704） |
| Adjusted－$R^2$ | 0.590 | 0.594 | 0.625 | 0.627 |
| F 值 | 33.330 | 24.724 | 38.507 | 28.242 |

注：***、**、*分别表示显著性水平为1%、5%、10%，括号内为各系数的t值。

由表7－18可以看出，在模型8－1中，控制变量企业年龄和企业规模对企业创新绩效有显著的正向影响，加入创新机会识别和高管团队年龄的交叉变量后，仍然具有较强的解释能力。在模型8－1中，高管团队年龄与创新绩效在10%水平下负相关，说明高管团队年龄对技术创业型企业成长产生负向影响。在模型9－1中，高管团队年龄与创新机会筛选的交互项回归系数在10%水平下显著，并表现出对被解释变量－7.9%的解释能力，说明高管团队年龄负向调节创新机会筛选对企业创新绩效的影响，即高管团队年龄越大，创新机会筛选对企业创新绩效的正向影响效应会减弱。机会搜寻、机会确认与高管团队年龄的交互项与企业创新绩效均不显著。模型9－2表示的经营绩效回归分析中，机会搜寻、机会筛选、机会确认与高管团队年龄的交叉项并没有通过显著性检验。以上实证结果表明，假设 H7a、H7b、H7c 不成立。

通过本节的回归分析结果发现，高管团队认知中的高管团队学习氛围、高管团队学习经历和高管团队职业经历对创新机会识别与技术创业型企业成长具有正向促进作用。高管团队年龄对创新机会识别与技术创业型企业成长有负向影响，但不显著。因此，本书所提出的假设未能得到全部证实。

上述回归分析和实证检验表明，本书的大部分假设均得到了支持，但有部分假设未能通过验证，下表 7 - 19 为假设检验的结果汇总。

表 7 - 19　本书假设的实证结果

| 序号 | 假设内容 | 是否通过检验 |
|---|---|---|
| H1 | 创新机会的搜寻对技术创业型企业成长产生正向影响 | 通过 |
| H2 | 创新机会的筛选对技术创业型企业成长产生正向影响 | 通过 |
| H3 | 创新机会的确认对技术创业型企业成长产生正向影响 | 通过 |
| H4a | 高管团队学习氛围的提高，会增强创新机会的搜寻对技术创业型企业成长的有利影响 | 部分通过 |
| H4b | 高管团队学习氛围的提高，会增强创新机会的筛选对技术创业型企业成长的有利影响 | 通过 |
| H4c | 高管团队学习氛围的提高，会增强创新机会的确认对技术创业型企业成长的有利影响 | 部分通过 |
| H5a | 高管团队成员学习经历的丰富，会增强创新机会的搜寻对技术创业型企业成长的有利影响 | 部分通过 |
| H5b | 高管团队成员学习经历的丰富，会增强创新机会的筛选对技术创业型企业成长的有利影响 | 通过 |
| H5c | 高管团队成员学习经历的丰富，会增强创新机会的确认对技术创业型企业成长的有利影响 | 部分通过 |
| H6a | 高管团队成员职业经历的增多，会增强创新机会的搜寻对技术创业型企业成长的有利影响 | 通过 |
| H6b | 高管团队成员职业经历的增多，会增强创新机会的筛选对技术创业型企业成长的有利影响 | 通过 |

续上表

| 序号 | 假设内容 | 是否<br>通过检验 |
|---|---|---|
| H6c | 高管团队成员职业经历的增多，会增强创新机会的确认对技术创业型企业成长的有利影响 | 通过 |
| H7a | 高管团队平均年龄的增大，会降低创新机会的搜寻对技术创业型企业成长的有利影 | 未通过 |
| H7b | 高管团队平均年龄的增大，会降低创新机会的筛选对技术创业型企业成长的有利影响 | 未通过 |
| H7c | 高管团队平均年龄的增大，会降低创新机会的确认对技术创业型企业成长的有利影响 | 未通过 |

## 7.4 本章小结

本章对创新机会识别、高管团队认知和技术创业型企业成长的影响关系进行了实证研究。

在上一章节利用调查问卷的方式获取实际数据资料后，首先，利用SPSS 24.0对调查获取的数据资料进行描述性统计分析以掌握被调查者的背景资料和企业基本特征。

其次，通过计算测量题项对变量相关系数的 CITC 值，Cronbach's Alpha 系数和因子分析对量表的信度和效度进行检验。

再次，对变量进行相关性分析，初步验证研究假设。

最后，使用多元回归分析方法对研究模型和相关假设进行进一步验证。结果显示，本书所提的大部分假设都通过了检验。

# 第8章 我国技术创业型企业快速成长的
实现条件与路径分析

技术创业型企业已成为我国经济增长的新生力量,正逐步推动着我国社会经济的发展,已经取得了显著成就。但是,我国技术创业型企业的成长仍存在许多问题,根据我国的实际情况,结合欧美等发达国家技术创业型企业成长的特点,本章为我国目前技术创业型企业的快速成长提出一些思路,并对其实现条件与成长路径进行研究。

## 8.1 我国技术创业型企业快速成长的可行性分析

技术创业型企业作为一支新兴的经济增长力量,它的成长不仅具有一般中小企业成长的规律,而且其成长思路具有与众不同的特点。当前,技术创新正日益成为技术创业型企业快速发展的不竭源泉和动力,加快我国技术创业型企业成长是实现国民经济快速发展的客观要求。同时,实现技术创业型企业的快速成长也具有较高的可行性。

### 1. 市场可行性

随着我国技术创业型企业所处市场环境的竞争性日益增强,研发技术不确定性以及外部需求不确定性也迅速提高。如何在市场和技术多变的环境、国内外市场竞争激烈的环境下持续不断地开发出适合市场的新产品,获取竞争优势,是每个技术创业型企业十分关注的热点问题。随着科学技术的发展、移动互联网和电子商务的广泛运用,科学技术更新的周期日趋缩短,人们的需求也越来越多样化。当前,我国技术创业型企业所在的市场存在着极大的需求和机遇,这为技术创业型企业的创新发展提供了方向性指引,引导了企业的技术创新。市场激励机制是技术创新主体通过市场机制实现其技术创新目标的一种制度安排。从技术创新的市场激励来看，市场形成了企业进行创新发展自组织的机制，对企业创新发展有一种导向和激励作用，这种激励是通过市场对创新效果的检验实现的。如果技术创新的成果能满足市场需求，创新主体就可获得相应的回报。

目前，我国市场需求很大，市场体系日趋完善，市场化方向更加清晰，完善社会主义市场机制为技术创业型企业的快速成长增添了极大的活力，为技术创业型企业的创新发展提供了充分的保障。我国实行扩大对外开放，把"引进来"和"走出去"结合起来，充分利用国际、国内两个市场、两种资源稳步发展。另外，我国的市场体系也在逐步完善，产销得到很好的衔接。这些都为技术创业型企业的快速成长提供了良好的市场环境。

### 2. 资源可行性

技术创业型企业的快速成长需要丰富的各种资源（人才资源、资金资源、技术资源等）来支撑。无论在哪个发展时期，丰富的技术性人才资源对于技术创业型企业成长来说都是必不可少的。技术创业型企业的成长需要一批全方位发展的优秀人才，而高校和科研院所等人才培养机构培养了一大批高素质人才。技术创业型企业的快速成长对进一步完善人才培养和引进机制也起到了间接推动作用。

在资金资源方面，技术创业型企业的快速成长所需资金也有了各种融资渠道。政府部门通过放宽债券发行政策，发行高技术、高风险的债券进行融资，鼓励技术创业型企业加大技术创新投入。技术创业型企业的间接融资主要采用银行贷款的融资方式，根据国家的政策调控，增加国有商业银行贷款，建立和健全企业评价体系，使成长性好的技术创业型企业能获得更多资金支持。各级地方政府也从当地中小企业的实际发展情况出发，设立了相应的金融机构，对技术创业型企业在筹资和融资方面给予很大的帮助。

在技术资源方面，各种创新平台和创新联盟的建立，可以为处在成长期的技术创业型企业提供技术支持，为企业未来发展提供坚实的后备力量。近年来，政府逐步建立并完善技术创新体系，在制度上制定激励政策以提供技术创新平台和创新中介服务，积极引导各种科研机构进入创新平台和创新联盟体系，为技术创业型企业创新发展提供技术支持，并与成长性好、资信好的企业建立稳定的技术创新合作关系，这有利于促进科研机构支持技术创业型企业快速发展。另外，政府根据各地区经济发展的实际情况，建立创新产业发展基金或专项资金，为技术创业型企业技术创新提供资金支持。

### 3. 环境可行性

20 世纪 90 年代以来，新兴技术和互联网技术的迅猛发展为我国技术创业型企业的快速成长提供了很好的机遇和条件。新兴技术的发展惠及了越来越多的科技领域，加之互联网技术的兴起与发展将人类带入了以知识为主导的经济社会，技术的变革必然引起研发创新以及市场环境的变化，而这些变化则巧妙地体现在企业之间的竞争中。同时，外部环境的不断进化也使得我国技术创业型企业面对更具挑战性的成长环境，对于其产品研发和技术创新的进程和商业化成果也产生了巨大的影响。在日新月异高速发展的经济社会大环境和严峻的市场竞争压力下，我国技术创业型企业面对严酷挑战的同时，也会有诸多的机遇。

技术创业型企业在快速成长的过程中越来越重视创新环境，通过加强创新机会识别，在企业内部营造良好的创新环境，促进企业创新氛围的形成。为了激发和保持技术创业型企业的创新识别能力，技术创业型企业可以在企业内部建立学习型组织。学习型组织的建立，能在一定程度上实现技术创业型企业各类信息和多种资源的共享，促进团队成员之间形成积极稳固的合作关系。同时，技术创业型企业构建研发创新文化环境，挖掘并发展团队成员的研发创新潜力，使技术创业型企业的员工在学习能力和环境适应能力上能有进一步的提高。通过形成持续的学习与创新氛围，使技术创业型企业适应市场环境变化的能力不断提升，其创新能力和可持续发展能力也得以逐步增强。

### 4. 制度可行性

我国相关法律制度的不断完善，为技术创业型企业快速发展提供了制度方面的可行性。为维护市场的稳定，保护各方利益，我国颁布了《中华人民共和国公司法》《中华人民共和国证券法》《中华人民共和国信托法》《中华人民共和国企业破产法》《中华人民共和国商标法》《中华人民共和国专利法》《中华人民共和国著作权法》等一系列相关的法律。随着国家对知识产权的日益重视，知识产权交易市场得到较好发展，为技术创业型企业创新发展提供了良好的法律环境。国家为技术创业型企业的发展制定了专门的政策法规，完善公平公正的市场环境，保证技术创业型企业稳定持久地发展下去。地方政府为技术创业型企业制定特殊的税收优惠政策，通过规范审核的技术创业型企业，减免或降低其纳税金额，或者将其纳入创新创业基金返还技术创业型企业；对于技术创业型企业采购的进口科研仪器设备等，政府免征增值税，减轻技术创业型企业的税收负担。此外，政府有关部门通过制定专门的法律法规保护技术创业型企业的创新成果与知识产权，为技术创业型企业的研发创新与持续发展营造良好的制度环境。

## 8.2　我国技术创业型企业快速成长的实现条件

### 1. 技术条件

从技术创业型企业快速成长的角度看，企业能够通过不断创新产品和服务，提高自身的技术水平以及管理能力，在市场上占据领先的竞争地位，进而提高企业的成长绩效。产品创新对技术创业型企业的成长具有重要的影响，作为产品创新阶段的基础和关键步骤，创新机会识别对于技术创业型企业成长意义重大，它关乎一个企业技术能力的持续性。从理论上来讲，可持续发展的技术创业型企业必须要有扎实的技术发展基础和良好的管理团队来激发企业不断产生成长动力，没有足够的技术创新会导致技术创业型企业缺乏成长后劲。

当今世界，技术创新是一个国家经济发展的强大动力，尤其是在信息技术迅猛发展的今天，"创新则兴，不创新则亡"正是现代经济社会的真实写照。技术创新是企业持续发展的关键因素，随着国际竞争程度的日益加剧，除了要关注产品或服务的低价、质量、多样性，以及组织灵活性以外，还必须大力提高其技术创新能力。只有成为创新型企业，企业才能跻身成功企业之列。加强技术创业型企业的技术创新体系建设，特别要发挥中小企业的创新活力，大力鼓励技术革新和发明，努力实现在产业发展中的共性和关键技术的突破，引导技术创业型企业开发新产品，打造高质量的企业品牌。

### 2. 资金条件

根据技术创业型企业发展的特点，政府有关部门应加大财政金融支持力度，努力创造技术创业型企业直接、间接融资的新途径和新方法。对于那些尚不能满足上市条件的技术创业型企业，政府部门应适当放宽债券发行条件，通过发行高技术、高风险的债券进行技术创新融资；根据国家的政策调控，应增加国有商业银行贷款，建立和健全企业信用评价体系，使成长性好的技术创业型企业能获得更多资金支持。各级地方政府也应从当地中小企业的实际发展情况出发，设立相应的金融机构，在技术创业型企业筹资和融资方面给予相应的扶持和帮助；不断完善风险投资体系，提升处在成长期的技术创业型企业的资本实力和风险防控能力，为企业未来发展提供坚实的后备力量。近年来，政府逐步建立并完善风险投资体系，在制度上制定风险融资激励政策；改善商业银行对中小企业的融资服务，积极引导商业银行进行科技投资，为技术创业型企业创新发展提供资金支持，并与成长性好、资信好的企业建立稳定的银企合作关系，从而帮助技术创业型企业快速成长。

### 3. 制度条件

一个企业或一个行业的创新活跃程度有赖于当地政府对创新的激励与制度保障。政府应积极完善技术创业型企业法律法规，为此类企业建立指导和发展中心，解决技术创业型企业与政府之间存在的信息不对称问题，为中小企业的持续发展提供全方位服务。技术创业型企业要坚持将先进技术的引进和消化、吸收、创新相结合，从制度和体制入手，加强和完善企业创新制度建设，克服重引进、轻消化吸收的现象，充分利用国外先进的技术资源，加大企业自主创新能力的培育，开发具有自主知识产权的核心技术。

## 8.3　我国技术创业型企业快速成长的实现路径

技术创业型企业快速成长的路径需要全面整合和有效运用各种创新要素，获取技术创新所需的各种资源，依靠自身实力和外部条件促使企业发展壮大。根据技术创业型企业所具备的自身实力和创新资源，其成长路径主要由组织导向、战略导向、资源导向、外部环境、企业文化导向和要素导向六个方面的因素共同决定，其中前五个是单因素主导，起到支撑作用，第六个要素导向是多因素组合型导向，主要是由两个或三个以上因素的相互作用为导向，从而影响技术创业型企业的技术创新行为和成长绩效。

技术创业型企业的成长一般经过以下几个主要阶段（如图 8-1 所示）。在成长的不同阶段，技术创业型企业应选择不同成长路径，这需要企业结合内外部环境对创新要素的作用进行全面深入的分析，制订切实可行的成长路径。

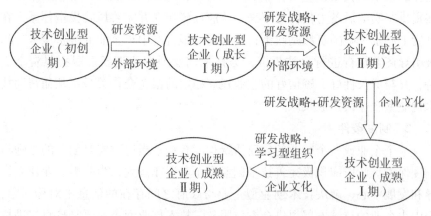

图 8-1　技术创业型企业不同阶段的成长路径选择

### 1. 技术创业型企业初创期的成长路径

技术创业型企业处于初创阶段时，首先要解决如何获取"必需资源"的问题，实现技术创业型企业的发展，建立企业的技术基础。技术创业型企业要保持已有的生产经营和技术研发水平，同时大量引进人才队伍和先进技术，加大资金投入和基础设施建设。企业技术创新不仅需要一定的物质技术手段，而且必须加强创新机会识别的管理，营造一个宽松、自由的研究环境和氛围，使企业研发团队能够拓展思路，打破原有的桎梏，研发出新产品。同时，技术创业型企业为了获得必备的物质资源，还需要相关部门出台一些相关的政策，以支持中小型企业成长，改善技术创业型企业的生存条件，提升产品的技术水平，开拓更为宽广的市场空间。只有这样，资源和外部环境对企业创新能力的边际效应影响才最为显著。

因此，当技术创业型企业处于初创阶段时，应该选择"研发资源＋外部环境"相结合的成长路径，不断培养和引进研发资源，同时充分利用外部有利的政策、市场和技术环境，大大降低外部成长风险，从而为技术创业型企业的快速成长创造有利的条件。

**2. 技术创业型企业成长 Ⅰ 期的成长路径**

在这个成长阶段，技术创业型企业已经具备一定的技术水平或自主知识产权，但是整体实力不强，生产规模不大。在现有产品市场研究和分析技术的基础上，对企业现有产品的不足进行改进和完善，同时技术创业型企业应根据顾客的需求和科学技术的发展情况，不断开发出新产品，保持企业现有产品的竞争力并强化企业开发高科技产品的水平。现阶段，技术创业型企业要发展壮大，首先必须解决的是建立创新战略、获得更多资源的问题。企业创新与发展战略是对产品技术选择的模式进行描述，具有连续性和指导性；提高企业创新能力所需的资源基础包括引进高级专业人才和先进的设施，获得更多资金投入、管理知识和社会资源等；政府部门出台有关政策和措施，为技术创业型企业成长获取更好的资源。在所有创新要素中，研发战略、研发资源和外部环境对技术创业型企业创新能力的边际效应最为显著（严北战，2007）。

因此，处于成长 Ⅰ 期的技术创业型企业成长的路径应选择"研发战略＋研发资源＋外部环境"相结合的成长路径，通过有计划地制定企业长远的研发战略，充分利用外部有利的政策和市场环境，加大储备研发资源的力度，为技术创业型企业的快速成长创造良好的条件。

**3. 技术创业型企业成长 Ⅱ 期的成长路径**

在这个成长阶段，技术创业型企业要想发展成为领军龙头企业，就先要保持新产品研发投入的连续性，并保持和加强对产品的开发和工艺创新，联合更多的社会资源共同参与中小企业的创新研发活动，建设企业文化机制，使技术创业型企业的创新战略能起到导向作用。在此阶段，虽然企业的资金、人才和设备状况较好，但仍应积极开展合作创新和研发，从而有效提升企业技术创新水平；企业还应大力培养技术创业型企业文化，使技术创业型企业文化逐步成为企业全体员工所认可的价值观和行为准则，使研发战略、研发资源和企业文化成为技术创业型企业成长最为重要的要素。

因此，处于成长 II 期的技术创业型企业应选择"研发战略＋研发资源＋企业文化"相结合的成长路径，从而使企业顺利成长为规模更大、市场竞争能力更强的成熟期企业。

### 4. 技术创业型企业成熟期的成长路径

处于成熟期的技术创业型企业规模较大，综合实力较强，规避企业外部环境风险的能力明显加强，技术创业型企业所拥有的核心技术在细分行业市场处于领先地位。在这个阶段，科技领军企业要放慢增长速度，企业注重的不再是速度，而是努力研发和拥有自己的"杀手锏"产品，力争成为国际市场的细分行业龙头企业。此时，技术创业型企业必须解决的是战略引领、组织设计、文化促进等方面的问题，企业的努力方向是使企业的产品创新维持既定方向，采用柔性的企业组织结构设计。这一阶段，技术创业型企业还需要进行一定的管理创新，因为伴随企业组织管理机构的壮大，不可避免地会出现各式各样的问题，需要技术创业型企业的高管团队不断发现问题并改正问题。技术创业型企业的综合实力发展到一定的水平，其获取创新资源的渠道、方法会有所增多，对企业研发创新发展态势产生影响的因素主要是研发战略、组织和企业文化。

因此，在成熟期，技术创业型企业应遵循"研发战略＋学习型组织＋企业文化"相结合的成长路径，加大创新要素的投入，提高技术创业型企业创新能力的边际效应和成长绩效。

## 8.4　本章小结

本章主要阐述了我国技术创业型企业快速成长的可行性、实现条件及路径选择。

首先，分析了技术创业型企业快速成长的四个可行性，分别是市场可行性、资源可行性、环境可行性和制度可行性。

其次，探讨了我国技术创业型企业实现快速成长的条件：技术条件、资金条件和制度条件。

最后，根据技术创业型企业创新要素的特点，深入分析了技术创业型企业在四个不同的成长阶段应选择四种不同的成长路径：在初创期，应选择"研发资源＋外部环境"相结合的成长路径；在成长Ⅰ期，应选择"研发战略＋研发资源＋外部环境"相结合的成长路径；在成长Ⅱ期，应选择"研发战略＋研发资源＋企业文化"相结合的成长路径；在成熟期，应选择"研发战略＋学习型组织＋企业文化"相结合的成长路径。

# 第9章　研究结论与对策建议

## 9.1　研究结论

本书对我国技术创业型企业新产品开发的最初阶段，即创新机会识别阶段进行了定义和深入研究，分析了创新机会识别对技术创业型企业成长的影响机制，构建了一个基于创新机会识别的技术创业型企业成长模型，考察了高管团队认知、创新机会识别与技术创业型企业成长的作用机理，并从高管团队认知视角对创新机会识别与技术创业型企业成长之间的关系进行了实证分析，得出我国技术创业型企业快速成长的实现条件及路径，得到的结论如下。

**1. 创新机会的有效识别有助于提高企业新产品开发的成功率**

通过回顾机会识别相关理论文献，本书厘清了创新机会识别的全过程。创新机会识别主要包括机会搜寻、机会筛选和机会确认三个步骤和若干重要环节。机会识别作为项目研发第一阶段，重点在于有效识别与把握在企业已有资源条件下存在进一步深入开发价值的市场需要。具体而言，创新机会识别就是通过技术环境分析、市场环境分析和政策环境分析在整个经济社会系统范围内搜索市场机会，根据技术可能性分析和资源禀赋筛选市场机会，进一步根据技术创业型企业的行业市场、竞争优势、研发团队构成、各项财务指标以及战略要素等因素对筛选出来的市场机会进行评价与确认。如果该机会是值得投入的，企业需要成立一个包括供应商在内的跨职能研发团队进行产品开发和产品概念定义。我们发现，技术创业型企业不仅要在创业之初识别、开发某一研发机会进行创业，而且要在成长的过程中不断识别、开发新的市场机会来获得可持续成长。这表明，在企业成长过程中，技术创业型企业对创新机会的不断识别与准确把握将有效推动企业成长，提升企业经营绩效。

### 2. 良好的高管团队学习氛围有利于技术创业型企业的成长

良好的高管团队学习氛围意味着高管团队可以通过多渠道获取创新信息和技术知识、了解行业前沿知识的发展趋势，信息、知识流动的自由程度更高，知识共享的气氛更浓。高管团队成员之间的交流影响高管团队整体认知柔性和认知复杂性，从而形成高管团队特定的认知结构和思考过程。认知柔性高的高管团队较认知柔性低的更能敏锐地感知市场环境、技术环境的变化，有效地辨识影响技术创业型企业成长的机会和威胁，获取并有效处理新的信息，进而为战略选择提供决策支撑，使其能够主动调整战略以适应环境变化。一方面，高管团队学习氛围通过影响管理者认知，为管理者解读与形成战略问题打下基础，面临同样的战略问题，认知柔性高的管理者通常采取多元的解读方式，辅助企业及时调整或转换路径，避免陷入决策刚性；另一方面，高管团队的认知柔性还有助于诠释组织如何在探索性创新与利用性创新两者之间实现权衡。高水平的认知柔性能够帮助高管团队在不同的注意力机制之间进行调节，从而展开不同的活动，促进技术创业型企业的成长。

### 3. 丰富的高管团队学习经历有利于技术创业型企业的成长

我国技术创业型企业高管团队成员的受教育程度较高，其中拥有本科学历和硕士学历的管理者居多。有关研究对不同职位管理者的受教育水平进行统计分析后发现，高管团队中拥有本科学历和硕士学历的董事长和总经理占比较高。这充分体现了我国技术创业型企业高管团队学习经历丰富的特点。我国技术创业型企业多为高新技术企业，企业若想在复杂多变的市场经济环境中生存并持久发展，必须在初创期由有胆识且知识丰富的高管团队带领。总体来看，我国技术创业型企业的高管受教育水平较高，说明高管团队成员的认知能力和适应环境变化的能力普遍较高，对于新知识、新观念、新方法的接受和学习更为迅速，整个团队的知识结构也更加多样化，对于企业面临的环境能够准确地预判是机会还是风险，从而降低企业发展过程中遭遇的风险。在企业发展过程中的战略决策方面，受教育程度高的高管往往愿意尝试新的事物，信息处理速度更快，决策能力更高，更倾向于做出有利于企业创新和快速成长的战略决策。

### 4. 多样化的高管团队职业经历有利于技术创业型企业的快速成长

具有不同职业背景的高管团队更有利于形成多样化的新观点，有助于防止战略短视思维，增强创新性问题的解决能力，解决非标准化和非惯例

147

性的复杂问题。我国技术创业型企业的高管团队成员中，尤其是董事长和总经理的职业背景异质性较大，其在过去的职业经历中从事过不同领域的多种工作，这将会增加他们在把握企业发展方向时信息和观点的丰富性，从而促使他们采取更加积极主动的创新行为。然而，并不是所有职位的管理者的职业背景异质性都会对现任工作产生积极的影响，涉及日常工作较多的岗位并不要求管理者过往的工作经历很丰富，例如财务总监这类职位，反而需要管理者拥有长期的财务专业领域的学习经历和工作经验，并不要求过多的跨职业经历。从权变理论的视角来看，我们发现，对于企业正常发展过程中的例行事件，即程序化、规范化的日常事务的处理和解决，往往同质性较高的团队能够取得更好的结果；而对于例外事件、突发性的事件的处理，职业经历异质程度较高的团队更能够取得好的结果。这是由于拥有不同职业经历的高管团队成员具有多样性的观点、知识和背景，能够对各种不同方案进行充分讨论，并且当企业刚进入一个新的领域时，面临市场和技术环境不确定性程度很高的情况时，具有不同从业经历的高管团队更加适合解决企业创新过程中各种不确定性问题。

**5. 高管团队认知对创新机会识别与技术创业型企业成长具有调节效应**

本书利用我国珠三角、长三角及长株潭地区的技术创业型企业作为研究对象，通过收集数据实证检验了高管团队认知，即高管团队学习氛围、学习经历、职业经历、年龄等因素对创新机会识别与企业成长关系的调节作用。实证结果发现：高管团队认知中的高管团队学习氛围、高管团队学习经历和高管团队职业经历对创新机会识别与技术创业型企业成长的关系有正向促进作用。高管团队年龄对创新机会识别与技术创业型企业成长有负向影响，但不显著。

（1）高管团队的学习氛围反映的是企业高层管理者在日常的生产经营中，广泛学习和沟通交流的程度。如果团队成员都是学习型管理者，就有助于形成学习型组织，营造良好的学习沟通环境。不同的管理者之间的交流也会成为彼此相互学习和进步的有效通道。这对于技术创业型企业成长有着重要意义。

（2）对于技术创业型企业而言，企业高层管理者拥有的学习经历越丰富，所掌握的专业知识就越丰富，就越具有战略性的决策思维和远见，从而在企业进行创新机会识别时，越有可能做出适合企业发展、有助于企业长期经营的战略决策。

（3）高管团队成员职业的多样性对企业技术创新和管理创新具有促进作用。这主要是因为管理者在过往的工作经历中会积累相关的工作经验，在不同的岗位上形成了不同领域的专业化的认知模式和知识结构。这些丰富的工作经历使得管理者的思维模式更加灵活，对企业技术创新和管理创新有一定的促进作用。

### 6. 我国技术创业型企业在其成长的不同阶段应选择不同的成长路径

当技术创业型企业处于初创阶段时，企业自身实力较弱，规模尚未形成，在所处的行业市场地位低，也未孕育出核心技术。此时，中小企业要朝技术创业型企业发展，获取必备资源是首要解决的问题，因此企业在该阶段应该选择"研发资源＋外部环境"相结合的成长路径。

当技术创业型企业处于成长Ⅰ期时，企业面临的主要任务是建立创新战略，以及获得更优质的资源，此时，资源、研发战略和外部环境对其创新能力的边际效应最为显著，因此技术创业型企业应选择"研发战略＋研发资源＋外部环境"相组合的成长路径。

当技术创业型企业处于成长Ⅱ期时，虽然企业的人才力量、资金水平和设施设备状况处于较高水平，但仍应该积极地开展合作创新与研发，从而有效提升企业创新水平和产出水平，为了发展成为行业领军企业，此时技术创业型企业应选择"研发战略＋研发资源＋企业文化"相组合的成长路径。

在技术创业型企业处于成熟期时，企业规模较大，在综合实力和企业影响力方面都有较大幅度的提升，技术创业型企业所拥有的核心技术在细分行业市场处于领先地位。在这个阶段，科技领军企业注重的不是速度，而是努力研发和拥有自己的王牌产品，力争成为国际市场的细分行业龙头企业，此时"研发战略＋学习型组织＋企业文化"相组合的成长路径是技术创业型企业的较优选择。

## 9.2 对策建议

技术创业型企业成长路径的选择与优化是一个长期变化的动态过程。

随着企业的发展变化，企业自身实力不断壮大，如何强化路径管理，保证成长路径顺畅，降低成长风险，企业管理者和政策制定部门都应高度重视。技术创业型企业的快速成长，既要注重企业内部管理，也需要政府和产业部门加强政策支持，解决外部环境对技术创业型企业成长的影响，为技术创业型企业的成长提供良好的发展环境。

## 9.2.1　政府宏观层面的建议

### 1. 完善相关制度政策，优化技术创新环境

国家应进一步为技术创业型企业的发展制定专门的政策法规，完善公平公正的市场环境，保证技术创业型企业稳健持久地发展。积极完善技术创业型企业法律法规，为此类企业建立指导和发展中心，解决技术创业型企业与政府之间存在的"信息不对称"问题，为企业的持续发展提供全方位服务。地方政府还应为技术创业型企业制定特殊的税收优惠政策，减免或降低其纳税金额，或者为技术创业型企业提供创新创业基金服务；对于技术创业型企业采购的进口科研仪器设备等，政府可以免征增值税，减轻技术创业型企业的税收负担。此外，政府有关部门还应制定专门的法律法规保护技术创业型企业的创新成果与知识产权，为技术创业型企业的研发创新与持续发展营造良好的政策环境。

### 2. 加强财政金融支持力度，改善技术创业型企业的融资困境

根据技术创业型企业发展的特点，政府有关部门应该加大财政金融支持力度，努力创造技术创业型企业直接或间接融资的新途径、新方法。对于一些高速增长的技术创业型企业，企业可以选择在境内或境外发行股票上市融资，此类做法能降低技术创业型企业的上市门槛，大大降低融资难度。对于那些尚不能满足上市条件的技术创业型企业，政府部门应该适当放宽债券发行政策，通过发行高技术、高风险的债券进行融资。对于技术创业型企业的间接融资而言，主要采用银行贷款的融资方式，根据国家的政策调控，增加国有商业银行贷款，建立和健全企业信用评价体系，使成长性好的技术创业型企业能获得更多资金支持。各级地方政府也应从当地中小企业的实际发展情况出发，设立相应的金融机构，对技术创业型企业在筹资和融资方面给予帮助。完善的风险投资体系的建立，可提升处在成长期的技术创业型企业的资本实力，为企业未来发展提供坚实的资金

力量。

### 3. 完善人才培养和引进机制，培养高素质优秀人才

政府应进一步完善人才培养和引进机制，大力培养高素质优秀人才。技术创业型企业的快速成长需要大批全方位发展、拥有高素质的优秀人才，进一步完善人才培养和引进机制，可推动技术创业型企业的发展。同时，大力发展创新型人才市场建设，通过多种途径发掘企业所需管理人才和技术人才，如成立留学生创新基地、博士硕士创业园等，鼓励国内外的高等人才参与各种科技创新活动，为技术创业型企业全方位发展提供高知识、高水平人才。

### 4. 加强产学研合作，构建和完善区域创新网络

开展有效的产学研合作，可以帮助技术创业型企业走出小规模和创新资源匮乏等困境，也是提高技术创业型企业研发创新能力和实现企业快速发展的重要途径。引导高校和研究机构加大对技术创业型企业创新要素的投入，利用高校和研究院所在技术和人才上的资源优势，充分发挥出产学研合作的技术优势，让产学研合作成为促进技术创业型企业成长的新途径、新方法。技术创业型企业在实行产学研合作时，可以设立全方位、多功能的数据库，最大限度地拓宽信息来源，保证技术创业型企业与高校、研究院所之间的信息交流与沟通，从而实现具有针对性地与高校和研究院所合作，提高产学研合作的效率。

## 9.2.2　行业中观层面的建议

### 1. 完善技术创新中介服务体系，提高科技成果转化能力

行业中高等院校、科研机构以及技术创业型企业由于自身利益的需求或者在其他因素的驱动下，各自都进行了技术创新，产生了很多创新成果。这虽然在一定程度上促进了该行业的技术创新，但如果没有相应的技术创新中介服务帮助解决技术创新过程中各种科技转化难题，从长远来看，就会对行业内的创新资源造成一种极大的浪费。因此，在科技型行业中要进一步完善技术创新中介服务体系，帮助行业中的技术创业型企业解决急需的技术问题，提供高等院校、科研机构的科技成果尽快转化为市场所需要的产品和服务。

### 2. 构建行业协同创新机制，提高技术创业型企业创新效率

技术创业型企业与其他中小企业最大的区别在于技术创业型企业科技含量较高，研发项目创新是技术创业型企业保持长期竞争力的基本条件。通过构建行业协同创新机制，促进技术创业型企业协同创新发展，引导技术创业型企业调整产品和技术结构。通过技术创业型企业与地方高校、研究院所等科研机构的合作，帮助技术创业型企业及时解决制约企业发展的技术难题，为技术创业型企业的技术研发创新提供强有力的技术支持，为技术创业型企业取得创新绩效提供帮助。此外，国家应当设立相关的技术创业型企业创新创业后备基金，让企业通过参与竞争性招标的方式取得创新创业后备基金，采取补贴贷款的形式，提高技术创业型企业的创新效率。

### 3. 大力引进先进技术和工艺，提高行业生产效率

技术创业型企业生产能力水平与其硬件水平有直接关系，技术创业型企业如果拥有先进的生产设备，就可以较大程度地提高产品生产效率，有利于提高科技成果转化速度，使技术创业型企业新产品迅速占领市场。技术创业型企业作为靠研发创新技术取胜的创新型企业，必须严格把控产品质量，提高并优化产品生产工艺，维持较高的生产效率，最大限度降低产品生产成本。为此，科技行业必须鼓励引进先进技术与工艺，提高行业产品的生产效率。

### 4. 积极构建产业战略联盟，提高产业国际竞争力

目前，在跨国经营方面，我国技术创业型企业尚处于起步阶段，与国外同业竞争者相比，我国技术创业型企业规模小，技术水平较低，在国际化管理上也缺乏经验。这些都阻碍着我国技术创业型企业的国际化经营。在风起云涌的全球化竞争市场中，外部国际环境的变换也给我国技术创业型企业带来了挑战，我国技术创业型企业必须加入联盟，尽快地转向全球战略。战略联盟打破了企业之间传统的经营边界，契约安排或股权参与的方式帮助企业从联盟伙伴借力，增强自身竞争优势。这对于提高企业的国际竞争力具有非常重要的现实意义。

## 9.2.3　企业微观层面的建议

### 1. 加强企业创新制度建设，提高企业技术开发能力

技术创业型企业要坚持将先进技术的引进和消化、吸收、创新相结

合，从制度和体制入手，加强和完善企业创新制度建设，克服重引进、轻消化吸收的现象。充分利用国外先进的技术资源，培育企业自主创新能力，开发具有自主知识产权的核心技术。此外，技术创业型企业应加大与科研院所、地方高校的技术合作，整合科技资源，实行产、学、研相结合，共同提高原创性技术和应用型技术的研究开发能力，开发有自主知识产权的技术和产品。

### 2. 重视高管团队建设，提升高层管理者认知水平

技术创业型企业的快速成长决定了企业需要大量的高素质管理人才，优秀管理人才的缺失会使技术创业型企业在生产经营、研发创新等活动中处于低效运作状态。因此，技术创业型企业应重视高管团队建设，提升高管的认知水平。在高管团队人才建设方面，首先，技术创业型企业应加强学习型人才团队建设，保持企业各种信息和资源共享，培养高管团队的合作精神、创新精神；其次，技术创业型企业应维持高管年龄的合理结构，即年轻高管人数较多，年长高管的人数较少，中年高管的人数居于其中；最后，应合理组合各类专业学术人员。研发创新不仅是技术创业型企业的重点，也贯穿生产和销售的各个环节。不能只看重管理人员的学历水平，还要保证企业管理人员的专业水平与所在的职位相匹配，这样才能最大限度地发挥人才优势。

### 3. 建立和完善人才培养与激励机制，提高高管团队工作热情

技术创业型企业可以通过建立和完善良好的人才培养制度，打造良好的人才培养环境，提高高精尖人才对企业的归属感和向心力。物质激励是企业传统的主要激励方式，但就资金实力而言，技术创业型企业与资金雄厚的大企业相比并不占优势，仅依靠引入和发展各种薪酬制度来激励高管，其效果并不显著的。越来越多的研究表明，人才的自我成长与和谐的工作环境对企业人才的吸引力越来越大。技术创业型企业可采取多种激励政策，根据不同类型管理者的需求，制定相应的激励措施；为高层管理者提供一些具有挑战性的工作，提高高管团队的工作热情。

### 4. 加大技术创新投入，提升创新机会识别能力

企业创新投入较少是制约技术创业型企业创新机会识别能力提升的重要因素。技术创业型企业应注重企业创新战略的发展，加大研发创新投入，重视产品的基础研究，加大应用研究与过程开发的力度，优化配置企业研发创新资源，提升创新机会识别能力。此外，通过对企业研发创新管

153

理体系的有效管理，最大限度地提高企业研发资金的使用效率，进而发挥企业对创新机会的把握能力，提高创新资源的配置效率。

**5. 加强创新机会识别，营造鼓励创新的良好环境**

技术创业型企业可以在企业文化中加入创新元素，在企业内部营造良好的创新环境，推动和加强创新机会识别。为了激发和保持技术创业型企业的创新机会识别能力，技术创业型企业可以在企业内部建立学习型组织。学习型组织的建立能在一定程度上实现技术创业型企业各类信息和多种资源的共享，促进团队成员之间形成积极稳固的合作关系。同时，技术创业型企业可以构建研发创新文化，挖掘并发展团队成员的研发创新潜力，进一步提高技术创业型企业员工的学习能力和环境适应能力。持续的学习与创新可以使技术创业型企业适应市场竞争的能力得到提升，其创新能力和可持续发展能力也能得到不断增强。

# 参 考 文 献

## 一、中文文献

[1] 安同良，周绍东，皮建才. R&D 补贴对中国企业自主创新的激励效应 [J]. 经济研究，2009（10）：87－98.

[2] 白俊红. 中国的政府 R&D 资助有效吗？来自大中型工业企业的经验证据 [J]. 经济学（季刊），2011（4）：1375－1400.

[3] 毕克新，黄平，李婉红. 产品创新与工艺创新知识流耦合影响因素研究：基于制造业企业的实证分析 [J]. 科研管理，2012（8）：17－24.

[4] 毕鹏，李盼盼. 技术进步路径与企业创新绩效关系分析：基于"知识积累"门槛效应的实证检验 [J]. 企业经济，2022，41（1）：10.

[5] 宾图. 项目管理（原书第 3 版）[M]. 鲁耀斌，赵玲，译. 北京：机械工业出版社，2015.

[6] 波特. 竞争战略：分析产业和竞争者的技巧 [M]. 陈小悦，译. 北京：华夏出版社，1997.

[7] 伯利，米恩斯. 现代公司与私有产权 [M]. 北京：商务印书馆，2005.

[8] 蔡娇丽，赵宏中. 我国科技型小微企业发展存在的问题和对策研究 [J]. 特区经济，2013（4）：129－130.

[9] 蔡宁. 中小企业竞争力与创业板市场 [M]. 北京：科学出版社，2004.

[10] 曹光伟. 浅谈高新技术企业产品研发与企业战略的有效匹配 [J]. 经济师，2015（3）：64－65.

[11] 曹勇，陈仁松，赵莉. 新产品开发过程中创新机会识别创新的理论与

实证研究：基于中国制造业企业的实践［J］. 科研管理，2009，30
（4）：1－9.

［12］曹勇，孙合林. 新产品开发创新机会识别的不确定性管理模型［J］.
中国科技论坛，2015（3）：54－59.

［13］曹勇，向阳. 基于开放式创新的新产品开发创新机会识别模型研究
［J］. 管理评论，2011，23（10）：49－55.

［14］曹勇，赵莉，长平彰夫. 日本制造企业新产品开发过程中创新机会识
别创新的效果分析［J］. 南开管理评论，2009，12（6）：4－10.

［15］晁录勤，李文起，李宁波. 产品研发项目管理：提升企业竞争力的
利器［J］. 企业技术开发，2012，31（17）：65－66.

［16］陈德铭，周三多. 中小企业竞争研究［M］. 南京：南京大学出版社，
2002.

［17］陈劲. 创新管理对经典企业管理理论的挑战［J］. 中国机械工程，
2003，14（3）：256－258.

［18］陈劲，高金玉. 复杂产品系统创新的创新机会识别影响因素分析
［J］. 管理学报，2005（3）：281－290.

［19］陈劲，伍蓓. 研究项目管理［M］. 北京：机械工业出版社，2009.

［20］陈劲，郑刚. 创新管理：赢得持续竞争优势［M］. 北京：北京大学
出版社，2013.

［21］陈璐，杨百寅，井润田，等. 高层管理团队内部社会资本、团队冲突
和决策效果的关系研究综述与理论分析框架［J］. 南开管理评论，
2009，12（6）：42－50.

［22］陈守明，郑洪亮. 高阶理论的认知逻辑及其管理实践含意［J］. 经济
论坛，2009，8（16）：4－8.

［23］陈伟民. 高管层团队人口特征与公司业绩关系的实证研究［J］. 南
京邮电大学学报（社会科学版），2007（1）：23－27.

［24］陈伟民. 高管团队兼职行为与企业绩效关系研究［J］. 湖北经济学
院学报，2007（5）：95－99.

［25］陈晓红，陈泽京，曾江洪. 中国中小上市公司高管素质与公司成长性
的实证研究［J］. 管理前沿，2006（3）：7－10.

［26］陈晓红，彭子晟，韩文强. 中小企业技术创新与成长性的关系研究：
基于我国沪深中小上市公司的实证分析［J］. 科学学研究，2008，10

（5）：1098 – 1104.

［27］陈晓红，王小丁，曾江洪. 中小企业债权治理评价与成才性研究：来自中国中小上市公司的经验数据［J］. 中国管理科学，2008（1）：163 – 171.

［28］陈晓红，张亚博. 中小企业外部环境比较研究［J］. 中国软科学，2008（7）：102 – 112.

［29］陈晓红，张泽京. 我国上市公司绩效影响因素实证研究：来自管理者自利与债权治理［J］. 商业经济与管理，2010，20（5）：28 – 32.

［30］陈震红，董俊武. 创业机会的识别过程研究［J］. 科技管理研究，2005，25（2）：133 – 136.

［31］陈忠卫，常极. 高层管理团队异质性理论的研究视角及其比较［J］. 统计与决策，2009（3）：13 – 21.

［32］陈忠卫，杜运周. 社会资本与创业团队绩效的改进［J］. 经济社会体制比较，2007（3）：138 – 142.

［33］成力为，戴小勇. 研发投入分布特征与研发投资强度影响因素的分析：基于我国 30 万个工业企业面板数据［J］. 中国软科学，2012（8）：152 – 165.

［34］程贯平，刘海山. 高层管理团队理论模型的发展［J］. 现代管理科学，2009（3）：97 – 99.

［35］程华，夏黎翔. 技术多元化对企业创新绩效的影响研究：基于 CEO 权力调节效应［J］. 技术与创新管理，2021，42（1）：37 – 44.

［36］邓明月. 上市高新技术企业高管团队人口特征对研发投入的影响研究［D］. 成都：西南财经大学，2013.

［37］樊耘，赵波，顾敏. 不确定环境下的产品开发柔性研究［J］. 管理工程学报，2003，17（1）：34 – 39.

［38］方炜，孙树栋，郭云涛. 企业新产品研发项目成功标准的系统界定［J］. 中国软科学，2005（11）：11 – 15.

［39］方炜，孙树栋，刘林奇. 基于研发战略的企业 NPD 项目关键因素分析［J］. 科技进步与对策，2008，25（12）：128 – 130.

［40］冯栋，杜颜伟，李字庆. 高管团队的社会资本与企业多元化战略决策：基于中国上市公司数据的实证研究［J］. 管理研究，2011，32（5）：176 – 181.

[41] 傅超，王文姣，傅代国．高管从军经历与企业战略定位：来自战略差异度的证据 [J]．管理科学，2021，34 (1)：16.

[42] 高洪利，李莉，吕晨．管理层投资视野，技术熟悉度与企业创新决策 [J]．南开管理评论，2022，25 (4)：79 – 88.

[43] 高杰，刘柳，蔡虹．高科技产品的研发管理战略 [J]．科学管理研究，2003，21 (2)：74 – 78.

[44] 高金玉，宋晓云．新产品开发中的创新机会识别（FFE）：概念、特征及其管理 [J]．创新创业与企业科技进步，2005 (1)：66 – 68.

[45] 高精美，郭劲光．高层管理团队的人口特征学与社会认知方法的比较研究 [J]．国外社会科学，2006 (6)：39 – 46.

[46] 戈景美，戴书松．企业不同发展阶段对 R&D 投入影响的实证研究 [J]．会计之友，2012 (2)：31 – 33.

[47] 葛玉辉．基于隐性人力资本价值因子的高层管理团队与团队绩效关系模型研究 [J]．科技进步与对策，2011，26 (8)：44 – 46.

[48] 辜胜阻．中国民营科技企业发展模式研究 [J]．理论月刊，2014 (1)：5 – 12.

[49] 谷晓燕．基于实物期权的研发项目动态投资决策模型 [J]．中国管理科学，2015，23 (7)：94 – 101.

[50] 郭婧，苏秦．团队异质性与产品创新模糊前端中的个人创造力 [J]．管理学报，2014 (7)：1046 – 1051.

[51] 郭军，麻环宇．高管团队异质性、内部控制与企业技术创新 [J]．统计与决策，2022 (17)：174 – 178.

[52] 郭莉莉．科技型中小企业财务管理问题及对策 [J]．商业经济研究，2017 (6)：117 – 118.

[53] 郭骁．基于高管团队理论的创业者背景特征与企业动态能力关系的实证研究 [J]．云南财经大学学报（社会科学版），2011，26 (2)：46 – 53.

[54] 郭研，董超．基于资源约束的高新技术企业研发项目选择策略研究 [J]．项目管理技术，2015，13 (4)：15 – 18.

[55] 郭毅，朱熹．国外社会资本与管理学研究新进展：分析框架与应用书评 [J]．外国经济与管理，2010 (7)：2 – 8.

[56] 何洁．新产品研发项目管理模式的应用 [J]．企业科技与发展，2011

（17）：93 – 96.

［57］ 何明钦. 高管团队职能背景、创新投资与企业绩效 ［J］. 工业技术经济, 2020, 39（8）：3 – 12.

［58］ 贺远琼, 陈昀. 不确定环境中高管团队规模与企业绩效关系的实证研究：基于中国制造业上市公司的证据 ［J］. 科学学与科学技术管理, 2009（2）：123 – 128.

［59］ 贺远琼, 田志龙, 陈昀. 企业高管社会资本与企业经济绩效关系的实证研究 ［J］. 管理评论, 2011, 19（3）：33 – 37.

［60］ 侯广辉. 基于技术不确定性视角的企业 R&D 边界决策分析框架 ［J］. 财贸研究, 2009（1）：120 – 124.

［61］ 胡大立. 企业竞争力论 ［M］. 北京：经济管理出版社, 2001.

［62］ 黄昕, 李常洪, 薛艳梅. 高管团队知识结构特征与企业成长性关系：基于中小企业板块上市公司的实证研究 ［J］. 经济问题, 2010（2）：89 – 94.

［63］ 惠祥, 李秉祥, 吴祖光, 等. 技术创业型企业孵化资本投入的风险管控：一个多案例对比 ［J］. 科技进步与对策, 2021, 38（10）：1 – 8.

［64］ 姜璐璐, 戴蓬军. 管理者特征与公司绩效关系 ［J］. 财会通讯, 2009（7）：99 – 101.

［65］ 姜卫韬. 中小企业自主创新能力提升策略研究：基于企业家社会资本的视角 ［J］. 中国工业经济, 2012（6）：107 – 119.

［66］ 姜彦福, 邱琼. 创业机会评价重要指标序列的实证研究 ［J］. 科学学研究, 2004, 22（1）：59 – 63.

［67］ 姜勇. 不同情景下创新项目关键成功因素间的关系的研究 ［J］. 软科学, 2003, 17（2）：75 – 79.

［68］ 姜志华. 企业高管价值观、组织文化与企业社会责任行为：基于高管团队理论的分析 ［D］. 杭州：浙江大学, 2011.

［69］ 蒋樟生. 开放式创新对制造业企业研发投入的影响：政府补助与市场竞争的调节作用 ［J］. 科技进步与对策, 2021, 38（9）：100 – 108.

［70］ 焦长勇, 项保华. 企业高层管理团队特性及构建研究 ［J］. 自然辩证法通讯, 2003（2）：57 – 62.

[71] 解维敏, 方红星. 金融发展、融资约束与企业研发投入 [J]. 金融研究, 2011 (5): 171 – 183.

[72] 康华, 王鲁平, 康健. 基于高管团队理论的企业家特征与研发支出关系研究 [J]. 经济经纬, 2012 (6): 82 – 86.

[73] 康艳玲, 黄国良, 陈克兢. 高管特征对研发投入的影响: 基于高技术产业的实证分析 [J]. 科技进步与对策, 2011, 28 (8): 147 – 150.

[74] 库拉特科, 霍恩斯比. 新创企业管理: 创业者的路线图 [M]. 高嘉勇, 刘星, 译. 北京: 机械工业出版社, 2009.

[75] 雷辉, 刘鹏. 中小企业高管团队特征对技术创新的影响: 基于所有权性质视角 [J]. 中南财经政法大学学报, 2013 (4): 149 – 156.

[76] 雷家骕, 王兆华. 高技术创业管理: 创业与企业成长 [M]. 北京: 清华大学出版社, 2008.

[77] 李春涛, 孔笑微. 经理层整体教育水平与上市公司经营绩效的实证研究 [J]. 南开经济研究, 2005 (1): 8 – 14.

[78] 李华晶, 邢晓东. 高管团队与公司创业战略: 基于高管团队理论和代理理论融合的实证研究 [J]. 科学学与科学技术管理, 2007 (9): 139 – 144.

[79] 李华晶, 张玉利. 创业型领导: 公司创业中高管团队的新角色 [J]. 软科学, 2006 (3): 137 – 140.

[80] 李建军, 李丹蒙. 创业团队人力资本特征与高新技术企业研发投入: 基于我国创业板公司的实证研究 [J]. 软科学, 2015, 29 (3): 79 – 83.

[81] 李莉, 程昱, 王向前, 等. 绩效反馈与企业产研销投资分配决策: 基于管理层心理认知视角 [J]. 会计研究, 2022 (10): 15.

[82] 李平, 王春晖. 政府科技资助对企业技术创新的非线性研究: 基于中国 2001—2008 年省级面板数据的门槛回归分析 [J]. 中国软科学, 2010 (8): 138 – 147.

[83] 李强, 曾勇. 不确定环境下企业技术创新投融资决策研究 [J]. 系统工程理论与实践, 2005 (3): 32 – 36.

[84] 李随成, 姜银浩. 供应商参与新产品开发对企业自主创新能力的影响研究 [J]. 南开管理评论, 2009, 12 (6): 11 – 18.

[85] 李炜文. 高层管理团队特征、战略变化和组织绩效 [D]. 汕头: 汕

头大学, 2006.

[86] 李亚峰. 新产品研发项目初筛及组合优选方法研究 [D]. 沈阳：东北大学, 2010.

[87] 林汉川, 魏中奇. 中小企业存在与发展 [M]. 上海：上海财经大学出版社, 2001.

[88] 林嵩. 创业机会识别研究：基于过程的观点 [J]. 中南民族大学学报 (人文社会科学版), 2007, 27 (5)：129-132.

[89] 林嵩, 姜彦福, 张帏. 创业机会识别：概念、过程、影响因素和分析架构 [J]. 科学学与科学技术管理, 2005 (6)：128-132.

[90] 刘保平, 陈建华. 高管社会资本：高管团队人口特征绩效研究新进展 [J]. 企业活力, 2010 (7)：58-61.

[91] 刘兵, 刘佳鑫. 高层管理团队管理品质理论探析 [J]. 领导科学, 2013 (9)：51-52.

[92] 刘春林, 施建军. 企业创新能力评价的实证研究 [J]. 统计与预测, 2000 (6)：28-35.

[93] 刘莉, 王成. 科技型中小企业成长环境及其成长性的实证研究：以深圳企业为例 [J]. 科技管理研究, 2009 (5)：318-322.

[94] 刘力钢, 孟伟. 科技型中小企业跨界搜寻与创新绩效 [M]. 北京：经济管理出版社, 2016.

[95] 刘萍, 武傲凯. 高管团队异质性与企业成长性：动态能力的中介效应 [J]. 华东经济管理, 2022, 36 (11)：12.

[96] 刘青, 刘莉. 基于创业机会的中小企业成长模型研究 [J]. 科技管理研究, 2008 (8)：236-238.

[97] 刘新. 不确定性、市场定位与企业创新机制 [J]. 中国市场, 2010 (10)：49-52.

[98] 刘烨, 金秀, 李凯, 等. 高科技公司中的高管特征与绩效的实证研究 [J]. 运筹与管理, 2010 (12)：182-186.

[99] 鲁小凡, 窦钱斌, 宋伟, 等. 海归高管与企业创新效率：助力还是阻力？[J]. 科技管理研究, 2021 (1)：143-150.

[100] 吕一博, 苏敬勤, 傅宇. 中国中小企业成长的影响因素研究：基于中国东北地区中小企业的实证研究 [J]. 中国工业经济, 2008 (1)：14-23.

[101] 吕屹，刘力钢. 企业国际化战略决策的形成机理：基于代理理论与高管团队理论整合模型的解释 [J]. 沈阳师范大学学报（社会科学版），2015（1）：57 –59.

[102] 罗莉蓉. CEO 任期对公司 R&D 投资强度的影响：基于高阶理论的研究视角 [D]. 成都：西南财经大学，2013.

[103] 马富萍. 高层管理团队特征与技术创新的相关性研究：基于文献综述 [J]. 科学管理研究，2010，28（4）：116 –120.

[104] 孟晓娜，李翔龙. 高管决策能力、治理模式与企业创新绩效 [J]. 财会通讯，2022（24）：54 –58.

[105] 孟晓娜，李翔龙. 高管团队异质性如何影响企业创新：基于创新压力和创新环境的分析 [J]. 财会通讯，2022（24）：49 –53.

[106] 纳尔逊，·温特. 经济变迁的演化理论 [M]. 胡世凯，译. 北京：商务印书馆，1997.

[107] 欧阳轶翔，雷井生. 基于因子分析的企业研发项目风险评估模型及实证研究 [J]. 科技管理研究，2010（1）：133 –137.

[108] 潘颖雯，万迪昉. 三种不确定性对研发人员激励契约设计的影响研究 [J]. 管理学报，2010，7（4）：525 –528.

[109] 裴旭东，李随成，黄聿舟. 供应商创新机会识别参与对制造企业技术创新能力的影响 [J]. 系统工程，2013（12）：74 –80.

[110] 彭本红，李太杰. 科技型中小企业创新活动的博弈分析及创新策略探析 [J]. 科技与管理，2008，10（1）：34 –36.

[111] 彭春燕，迟凤玲. 不同阶段创新企业研发活动及投入特点分析 [J]. 科学管理研究，2014，32（6）：76 –80.

[112] 彭罗斯. 企业成长理论 [M]. 赵晓，译. 上海：上海人民出版社，2007.

[113] 彭炜，于英川. 多元化经营与海尔成长战略 [J]. 中外管理导报，2001（11）：16 –18.

[114] 秦双全，辛明磊，熊朝晖. 高管团队能力与企业绩效间关系的实证分析 [J]. 技术经济，2014（6）：117 –123.

[115] 任兵，魏立群，周思贤. 高层管理团队多样性与组织创新：外部社会网络与内部决策模式的作用 [J]. 管理学报，2011，8（11）：1630 –1637.

［116］盛亚，朱桂平. 企业新产品开发管理［M］. 北京：中国物资出版社，2002.

［117］石军伟，胡立君，付海艳. 企业社会资本的功效结构：基于中国上市公司的实证研究［J］. 中国工业经济，2007（2）：45－55.

［118］宋敬，张卓，叶涛. 高管团队异质性与数字商业模式创新：基于A股上市公司的经验分析［J］. 技术经济，2022，41（5）：13.

［119］宋婷. 高管团队异质性对R&D投入与企业绩效关系的调节效应［D］. 西安：西安电子科技大学，2014.

［120］苏涛永，毛宇飞，单志汶. 高管团队异质性，双元创新与企业成长：行业竞争与冗余资源的调节效应［J］. 科学管理研究，2021，39（6）：7.

［121］孙海法，伍晓奕. 企业高管团队研究进展［J］. 管理科学学报，2003，6（4）：82－89.

［122］孙海法，姚振华，严茂胜. 高管团队人口统计特征对纺织和信息技术公司经营绩效的影响［J］. 南开管理评论，2006（6）：61－67.

［123］孙俊华，陈传明. 企业家社会资本与公司绩效关系研究：基于中国制造业上市公司的实证研究［J］. 南开管理评论，2009，12（2）：28－36.

［124］孙晓红. 世界知名企业家的创新观［J］. 企业家，1999（8）：46－47.

［125］孙永正，苏兆智. 中小上市公司高管团队特征与企业成长性的实证研究［D］. 苏州：苏州大学，2010.

［126］孙志华，李萍，刘文平. 技术不确定性对公司投资研发的影响［J］. 华中科技大学学报（自然科学版），2004，32（2）：104－108.

［127］谭鑫. 基于技术创新的中小企业转型与成长过程研究［D］. 天津：河北工业大学，2008.

［128］汤萱，高星，赵天齐，等. 高管团队异质性与企业数字化转型［J］. 中国软科学，2022（10）：83－98.

［129］陶宝山，徐隽. 高管团队特征与公司绩效的关系：基于中小企业板上市公司的经验证据［J］. 会计之友，2012（7）：106－108.

［130］陶建宏，师萍，段伟宇. 高管团队理论研究综述：基于跨层次整合视角［J］. 科技管理研究，2013（10）：224－229.

[131] 佟爱琴, 邵鑫, 杜旦. 高管特征与公司绩效相关性研究: 基于国有与非国有控股上市公司的对比 [J]. 科学与科学技术管理, 2012, 33 (1): 166-172.

[132] 万兴亚. 中小企业成长原理与方略 [M]. 北京: 人民出版社, 2005.

[133] 汪金龙, 常叶帆. 高科技上市公司高管人力资本与公司绩效的实证研究 [J]. 中国科技论坛, 2008 (6): 116-120.

[134] 王道平, 陈佳. 高管团队异质性对企业绩效的影响研究 [J]. 现代财经: 天津财经大学学报, 2004 (11): 58-62.

[135] 王景山. 工业企业研发项目决策研究 [J]. 项目管理技术, 2005 (3): 42-47.

[136] 王雎. 开放式创新下的知识治理: 基于认知视角的跨案例研究 [J]. 南开管理评论, 2009, 12 (3): 45-53.

[137] 王蕾. 高管团队异质性对企业创新绩效的影响研究 [J]. 中小企业管理与科技, 2022 (13): 136-138.

[138] 王维, 宋芳菲, 乔朋华. 企业家心理韧性对企业成长的影响: 探索式创新与社会连带的中介调节作用 [J]. 科技进步与对策, 2021, 38 (3): 124-132.

[139] 王向阳, 徐鸿. 企业成长性标准的界定研究 [J]. 中国软科学, 2001 (7): 63-66.

[140] 王雪莉, 马琳, 王艳丽. 高管团队职能背景对企业绩效的影响: 以中国信息技术行业上市公司为例 [J]. 南开管理评论, 2013, 16 (4): 80-93.

[141] 王艺霖, 王益民. 基于高管团队理论视角的战略双元研究 [J]. 华东经济管理, 2015, 29 (7): 102-107.

[142] 王益谊, 席西民, 毕鹏程. 组织环境的不确定性研究综述 [J]. 管理工程学报, 2005, 19 (1): 46-50.

[143] 魏立群, 王智慧. 我国上市公司高管特征与企业绩效的实证研究 [J]. 南开管理评论, 2002 (4): 16-22.

[144] 文芳. 上市公司高管团队特征与 R&D 投资研究 [J]. 山西财经大学学报, 2008 (8): 77-83.

[145] 吴灿英. 技术与市场不确定性对企业新产品开发绩效的影响研究

［D］．杭州：浙江大学，2006．

［146］吴世民，李常青，余玮．我国上市公司成长性的判定分析和实证研究［J］．南开管理评论，1999（10）：11－16．

［147］吴晓波．大败局［M］．杭州：浙江人民出版社，2001．

［148］肖久灵．企业高层管理团队的组成特征对团队效能影响的实证研究［J］．财贸研究，2006（4）：49－57．

［149］熊维勤．税收和补贴政策对R&D效率和规模的影响：理论与实证研究［J］．科学学研究，2011（5）：698－706．

［150］熊勇清，刘娟．战略性新兴产业高管团队的特征及与企业成长关系［J］．求索，2013（3）：13－15．

［151］徐凤增，杨蕙馨．基于产品创新战略的科技型中小企业绩效研究：基于国际视角［J］．科技进步与对策，2008，25（8）：34－37．

［152］徐经长，王胜海．核心高管特征与公司成长性关系研究：基于中国沪深两市上市公司数据的经验研究［J］．经济理论与经济管理，2010（6）：58－65．

［153］徐萌．管理者背景特征、所有权性质与国际化：来自中国制造业上市公司的证据［D］．成都：西南财经大学，2012．

［154］徐梦周．创投机构战略选择与投资绩效：基于高管团队理论和网络理论的探索研究［D］．杭州：浙江大学，2010．

［155］徐绍琛，何强．昆明市民营科技企业成长模式分析：以医药企业为例［J］．经济问题探索，2007（4）：186－190．

［156］徐细雄，万迪昉，淦未宇．TMT构成对组织产出影响的国外研究进展及对我国国企改革中高管团队构建的启示［J］．管理工程学报，2007，21（4）：39－45．

［157］许莉．农民对农村公共产品供给满意度实证分析：基于江西省农户层面的实地调研［J］．统计与信息论坛，2012（6）：102－109．

［158］许庆瑞．研究、发展与技术创新管理［M］．北京：高等教育出版社，2000．

［159］许晓明．企业成长：打造"百年老店"的战略选择［M］．上海：复旦大学出版社，2007．

［160］严北战．我国自主创新宏观管理激励机制及其对策分析［J］．工业技术经济，2007（10）：7－9．

［161］杨娟. 核心高管团队背景特征与企业投资偏好：基于高新技术上市公司的实证研究［D］. 大连：东北财经大学，2012.

［162］杨林. 高管团队异质性、企业所有制与创业战略导向：基于中国中小企业板上市公司的经验证据［J］. 科学学与科学技术管理，2013（9）：159 - 171.

［163］杨鹏，高素英，刘琳. 高管团队特征与创业板上市公司绩效的实证研究［J］. 企业经济，2014（11）：56 - 61.

［164］杨艳芳，陈立文，王辉. 不确定条件下的研发项目投资决策［J］. 管理科学，2003，16（2）：83 - 87.

［165］伊长生. 不确定环境下研发项目的决策分析［D］. 天津：天津大学，2006.

［166］银路. 技术创新管理［M］. 北京：机械工业出版社，2004.

［167］尹成龙，孔凡让. 产品设计创新机会识别的创新和管理研究［J］. 科研管理，2005，26（5）：19 - 23.

［168］尹成龙. 新产品设计前端的筛选与评价系统研究［J］. 运筹与管理，2004（6）：145 - 150.

［169］尹航，侯霁珊，周恩丽. 高管团队战略学习对企业绩效的影响研究［J］. 软科学，2022，36（3）：118 - 123 + 130.

［170］由丽萍，董文博，裴夏璇. 中小企业高管教育背景与 R&D 投资决策：基于深市上市公司的实证研究［J］. 科技进步与对策，2013，30（4）：95 - 98.

［171］于铭，杨鹏飞. 市场主导与政府主导创新模式的比较研究：以硅谷与筑波为例［J］. 当代经济，2014（13）：82 - 83.

［172］余芳珍，陈劲，沈海华. 新产品开发创新机会识别创意管理模型框架及实证分析：基于全面创新管理的全要素角度［J］. 管理学报，2006（5）：573 - 579.

［173］余芳珍. 新产品开发创新机会识别创意管理对创新绩效的影响研究［D］. 杭州：浙江大学，2005.

［174］余芬，樊霞. 高管认知、行业管制与企业创新持续性［J］. 科研管理，2022，43（12）：173 - 181.

［175］余浩，刘文浩，陈崇. 高管团队认知交互与创新绩效的关系：有调节的中介效应检验［J］. 科技进步与对策，2020，37（20）：145 -

152.

[176] 曾江洪. 中小企业公司治理与成长性的关系研究 [D]. 长沙：中南大学，2007.

[177] 曾亚婷，黄珺. 高管团队教育背景对技术创新的影响研究：基于企业社会责任的中介效应 [J]. 财会通讯，2021（8）：32－35.

[178] 翟华云，方芳. 区域科技金融发展、R&D 投入与企业成长性研究：基于战略性新兴产业上市公司的经验证据 [J]. 科技进步与对策，2014（3）：34－38.

[179] 翟丽，洪志娟，张芮. 新产品开发创新机会识别研究综述 [J]. 研究与发展管理，2014，26（4）：106－115.

[180] 张必武，石金涛. 国外高管团队人口特征与企业绩效关系研究新进展 [J]. 外国经济与管理，2005（6）：17－23.

[181] 张方华. 企业研发项目成败的关键因素分析对策研究 [J]. 中国科技论坛，2008（10）：50－54.

[182] 张洪石，陈劲，高金玉. 突破性产品创新的创新机会识别研究 [J]. 研究与发展管理，2014（12）：48－67.

[183] 张健东，张妍，国伟，等. 高管格局对企业创新绩效的影响机制：探索性案例研究 [J]. 管理案例研究与评论，2021，14（6）：588－604.

[184] 张俊瑞，赵进文，张建. 高级管理层激励与上市公司经营绩效相关性的实证分析 [J]. 会计研究，2003（9）：29－34.

[185] 张平. 高层管理团队异质性与企业绩效关系研究 [J]. 管理评论，2006（5）：54－61.

[186] 张雪兰. 环境不确定性、市场导向与企业绩效：基于嵌入性视角的关系重构及实证检验 [J]. 中南财经政法大学学报，2007（6）：123－128.

[187] 张瑶，胥卫平. 基于知识管理的企业研发项目管理体系研究 [J]. 技术与创新管理，2014，35（1）：43－45.

[188] 张泽京. 高管团队人口特征对公司成长性的影响研究 [D]. 长沙：中南大学，2007.

[189] 赵伯兴. 产品创新机会识别用户的信息需求与服务研究 [J]. 情报探索，2007（11）：7－9.

［190］赵文红, 许圆. 企业研发活动的影响因素及失败原因分析［J］. 科技进步与对策, 2011, 28（4）: 70 - 74.

［191］郑海元, 李琨. 研发投入、高管团队异质性与企业绩效［J］. 财会通讯, 2021（8）: 27 - 31.

［192］周海涛, 林映华. 政府支持企业科技创新市场主导型政策构建研究: 基于"市场需求—能力供给—环境制度"结构框架［J］. 科学学与科学技术管理, 2016（5）: 3 - 16.

［193］周贻, 张伟. 技术创新对企业绩效影响的实证检验［J］. 统计与决策, 2022, 38（17）: 170 - 174.

［194］朱平芳, 徐伟民. 政府的科技激励政策对大中型工业企业 R&D 投入及其专利产出的影响: 上海市的实证研究［J］. 经济研究, 2007（6）: 45 - 53.

［195］朱治龙, 王丽. 上市公司经营者个人特征与公司绩效的相关性实证研究［J］. 财经理论与实践, 2009（2）: 23 - 31.

## 二、英文文献

［1］ACS Z J, CARLSSON B, THRIE, R. Small business in the modern economy［M］. Oxford: Blackwell Publishers, 1996.

［2］ADHIKARI H P, KROLIKOWSKI M W, MALM J, et al. Working capital (mis) management impact of executive age［J］. Accounting & finance, 2021, 61（1）: 727 - 761.

［3］ANAND V, CLARK M A, ZELLMER M. Team knowledge structure: matching task to information environment［J］. Journal of managerial issues, 2003, 15（1）: 15 - 31.

［4］ARDICHVILI A, CARDOZOB R, RAY S. A theory of entrepreneurial opportunity identification and development［J］. Journal of business venturing, 2003（3）: 105 - 123.

［5］BANTEL K A, JACKSON S E. Top management and innovation in banking: does the composition of the top team make a difference［J］. Journal of applied psychology, 1996, 81（6）: 680 - 693.

［6］BANTEL K A, JACKSON S E. Top management and innovations in banking: does the demography of the top team make a difference [J]. Strategic management journal, 1989 (2): 721 – 732.

[7] BOEKER W. Strategic change: the influence of managerial characteristics and organizational growth [J]. Academy of management journal, 1997, 40 (1): 152 – 170.

[8] BOONE C, VAN O W, VAN W A. The genesis of top management team diversity selective turnover among top management teams in dutch newspaper publishing, 1970—1994 [J]. Academy of management journal, 2004, 47 (5): 633 – 656.

[9] CARMELIA A, HALEVI M Y. How top management team behavior integration and behavioral complexity enable organizational ambidexterity: the moderating role of contextual ambidexterity [J]. Journal of the leadership quarterly, 2009, 20 (12): 207 – 218.

[10] CASSON M. The nature of the firm reconsidered: information synthesis and entrepreneurial organization [J]. Management international review, 1996, 36 (1): 55 – 94.

[11] COOPER R G, KLEINSCHMIDT E J. Success factors in product innovation [J]. Industrial marketing management, 1987 (6): 215 – 223.

[12] COOPER R G. Predevelopment activities determine new product success [J]. Industrial marketing management, 1988 (7): 237 – 247.

[13] DECHOW A S, SLOAN R J. The relationship between top management teams and innovation capacity in companies [J]. Journal management development, 1991, 24 (8): 21 – 32.

[14] DIAKITE D, ROYER A, ROUSSELIRE D. Formal and informal governance mechanisms of machinery cooperatives: the case of quebec [J]. Journal of co-operative organization and management, 2022, 10 (2): 100 – 181.

[15] DUCHENK A, RAETZE S. The role of diversity in organizational resilience: a theoretical framework [J]. Business research, 2020, 13 (2): 387 – 423.

[16] DYER B, GUPTA A K, WILEMON D. What first-to-market companies do differently [J]. Research technology management, 1999, 42 (2):

15 – 21.

[17] ECKHARDT J T, SHANE S A. Opportunities and entrepreneurship [J]. Journal of management, 2003, 29 (3): 333 – 349.

[18] ENSLEY M D, PEARSON A W, AMASON A C. Understanding the dynamics of new venture top management teams cohesion, conflict, and new venture performance [J]. Journal of business venturing, 2002, 17 (4): 365 – 386.

[19] ENSLEY M D. Top management team process, shared leadership and new venture performance: a theoretical model and research agenda [J]. Human resource management review, 2003, 13 (2): 329 – 346.

[20] FINKELSTEIN S, HAMBRICK D. Top management team tenure and organizational outcomes: the moderating role of managerial discretion [J]. Administrative science quarterly, 1990 (5): 76 – 86.

[21] FlOOD P C, HANNAN E, SMITH K G, et al. Chief executive leadership style, consensus decision making, and top management team effectiveness [J]. European journal of work and organization psychology, 2000, 9 (3): 401 – 420.

[22] GAGLIO C M, KATZ J A. The psychological basis of opportunity identification: entrepreneurial alertness [J]. Small business economics, 2001, 16 (2): 168 – 182.

[23] GAUSE D C, WEINBERG G M. Exploring requirements: quality before design [M]. New York: Dorset House Publishers, 1998.

[24] GIELNIK M, FRESE M, GRAF M, et al. Creativity in the opportunity identification process and the moderating effect of diversity of information [J]. Journal of business venturing, 2012, 27 (5): 557 – 576.

[25] GRUBER M, MACMILLAN I C, THOMPSON J D. Look before you leap: market opportunity identification in emerging technology firms [J]. Management science, 2008, 54 (9): 1652 – 1665.

[26] HAMBRICK D C, DAVENI R A. Top management team demography and corporate strategic change [J]. Academy of management science, 1992, 38 (10): 1445 – 1466.

[27] HAMBRICK D C, DAVENI R A. Top team deterioration as part of the

downward spiral of large corporate bankruptcies [J]. Management science, 2001 (10): 1445 – 1466.

[28] HAMBRICK, D C, MASON P A. Upper echelons: the organization as a reflection of its managers [J]. Academy management review, 1984 (5): 193 – 206.

[29] HE Y, TIAN Z. Government-oriented corporate public relation strategies in transitional China [J]. Management and organization review, 2008, 4 (3): 367 – 391.

[30] HILLS G E, LUMPKIN G T, SINGH R P. Opportunity recognition: perception and behaviors of entrepreneurs [M]. Wellesley: Babson College Press, 1997.

[31] HULBERT B, BROWN R B. ADAMS S. Towards an understanding of opportunity [J]. Marketing education review, 1997, 3 (10): 67 –73.

[32] JENSEN M C, ZAJAC E J. Corporate elites and corporate strategy: how demographic preferences and structural differences shape the scope of the firm [J]. Strategic management journal, 2004, 25 (6): 507 – 524.

[33] KHURANA A, ROSENTHAL S R. Towards holistic "front ends" in new product development [J]. Journal of product innovation management, 1998 (15): 57 –74.

[34] KILDUFF M, ANGELMAR R, MEHRA A. Top management team diversity and firm performance: examining the role of cognitions [J]. Organization science, 2000, 11 (1): 21 –34.

[35] KIM J, WILEMON D. Strategic issues in managing innovation's fuzzy front end [J]. European journal of innovation management, 2002 (5): 27 – 39.

[36] KIRZNER I. Competition and entrepreneurship [M]. Chicago and London: University of Chicago Press, 1973.

[37] KIRZNER I. Entrepreneurial discovery and the competitive market process: an austrian approach [J]. Literature, 1997, 35 (1): 60 – 85.

[38] KIRZNER I. Perception, opportunity, and profit: studies in the theory of entrepreneurship [M]. Chicago: University of Chicago Press, 1979.

[39] KOEN P, AJAMIAN G, BURKART R, et al. Providing clarity and a

common language to the "fuzzy front end" [J]. Research technology management, 2002 (5): 46 – 55.

[40] KOR Y T. Experience-based top management team competence and sustained growth [J]. Organization science, 2003, 14 (6): 707 – 719.

[41] LANSITI M. Real-world R&D: jumping the product generation gap [J]. Harvard business review, 1993, 71 (5): 138 – 147.

[42] LEE D Y, TSANG E W K. The effects of entrepreneurial personality, background and network activities on venture growth [J]. Journal of management studies, 2001, 38 (4): 583 – 602.

[43] LEE J, KWON H B, PATI N. Exploring the relative impact of R&D and operational efficiency on performance: a sequential regression – neural network approach [J]. Expert systems with applications, 2019, 137 (4): 420 – 431.

[44] LINDSAY N J, CRAIG J. A framework for understanding opportunity recognition: entrepreneurs versus private equity financiers [J]. Journal of private equity, 2002 (6): 13 – 24.

[45] LUI A K H, LO C K Y, NGAI E W T. Does mandated RFID affect firm risk? the moderating role of top management team heterogeneity [J]. International journal of production economics, 2019, 210 (C): 84 – 96.

[46] LYNN G S, AKGUN A E. Innovation strategies under uncertainty: a contingency approach for new product development [J]. Engineering management journal, 1998 (3): 11 – 17.

[47] MASONA. Carpenter research notes and commentaries: the implications of strategy and social context for the relationship between top management team heterogeneity and firm performance [J]. Strategic management journal, 2002 (3): 275 – 284.

[48] MICHEL J G, HAMBRICK D C. Diversification posture and top management team characteristics [J]. Academy of management journal, 1992 (1): 9 – 37.

[49] MILLIKEN F, MARTINS L. Searching for common threads: understanding the multiple effects of diversity in organizational groups [J]. Academy of management journal, 1996 (2): 402 – 433.

[50] MURPHY S A, KUMAR V. The front end of new product development: a canadian survey [J]. R&D management, 1997 (1): 5 – 16.

[51] NOBELIUS D, TRYGG L. Stop chasing the front end process [J]. International journal of project management, 2002, 20 (3): 331 – 340.

[52] OESTERLE M J, ELOSGE C, ELOSGE L. Me, myself and I: the role of CEO narcissism in internationalization decisions [J]. International business review, 2016, 25 (5): 1114 – 1123.

[53] PENROSE E T. The theory to the growth of the firm [M]. Oxford: Oxford University Press, 1995.

[54] PFEFFER J. Organizational demography [J]. Research in organizational behavior, 1983 (2): 299 – 357.

[55] PORTES A. Social capital: its origins and applications in modern sociology [J]. Annual review of sociology, 1998, 24 (2): 1 – 24.

[56] PRIMO M A, AMUNDSON S D. An exploratory study of the effects of supplier relationships on new product development outcomes [J]. Journal of operations management, 2002 (2): 33 – 52.

[57] PROSVIRKINA E, WOLFS B. Top management team characteristics and performance of banks in Russia [J]. Journal of east-west business, 2021, 27 (3): 291 – 309.

[58] REGO A, OWENS B, YAM K C, et al. Leader humility and team performance: exploring the mediating mechanisms of team psycapand task allocation effectiveness [J]. Journal of management, 2019, 45 (3): 1009 – 1033.

[59] REINERTSEN D G. Streamlining the fuzzy front end [J]. World class design to manufacture, 1994 (5): 4 – 8.

[60] SAMBHARYA R B. Foreign experience of top management teams and international diversification strategies of US multinational corporations [J]. Strategic management journal, 1996, 17 (9): 739 – 746.

[61] SANDMEIER P, JAMALI N, KOBE C, et al. Towards a structured and integrative front-end of product innovation [C]. Lisbon, Portugal: R&D Management Conference (RADMA), 2004.

[62] SCHUMPETER J. The theory of economic development [M]. Cam-

bridge: Harvard University Press, 1934.

[63] SHANE S. Prior knowledge and the discovery of entrepreneurial opportunities [J]. Organization science, 2000, 11 (4): 448 – 469.

[64] SHANE S, VENKATARAMAN S. The promise of entrepreneurship as a field of research [J]. Academy of management review, 2000, 25 (1): 217 – 226.

[65] SHERF E N, PARKE M R, ISAAKYAN S. Distinguishing voice and silence at work: unique relationships with perceived impact, psychological safety, and burnout [J]. Academy of management journal, 2021, 64 (1): 114 – 148.

[66] SHIPILOV A, DANIS W. TMG social capital, strategic choice and firm performance [J]. European management, 2006, 24 (1): 16 – 27.

[67] SHIPILOV A, DANIS W. TMG social capital strategic choice and firm performance [J]. European management journal, 2006, 24 (1): 16 – 27.

[68] SIMONS T, PELLED L H, SMITH K A. Making use of difference: diversity, debate, and decision comprehensiveness in top management teams [J]. Academy of management journal, 1999 (6): 662 – 673.

[69] SINGH R P. Entrepreneurial opportunity recognition through social networks [M]. New York: Garland Publishing, 2000.

[70] SONG M D. BENEDETTO C A. Supplier's involvement and success of radical new product development in new ventures [J]. Journal of operations management, 2008 (1): 1 – 22.

[71] TERPSTRA D E, OLSON P D. Entrepreneurial start-up and growth: a classification of problems [J]. Entrepreneurship theory and practice, 1993, 17 (3): 21 – 35.

[72] THOMKE S, FUJIMOTO T. The effect of "front-loading" problem-solving on product development performance [J]. Journal of product innovation management, 2000 (17): 128 – 142.

[73] TIMMONS J A. New venture creation: entrepreneurship for the 21st century [M]. 5th ed. Irwin: McGraw-Hill, 1999.

[74] UGHETTO E. Growth of born globals: the role of the entrepreneur's per-

sonal factors and venture capital [J]. International entrepreneurship & management journal, 2016 (12): 839 – 871.

[75] UTTERBACK J M. Mastering the dynamics of innovation: how companies can seize opportunities in the face of technological change [M]. Cambridge: Harvard Business School Press, 1994.

[76] WAGNER S. Tapping supplier innovation [J]. Journal of supply chain management, 2012 (2): 37 – 52.

[77] WEST M A, ANDERSON N R. Innovation in top management teams [J]. Journal of applied psychology, 1996, 81 (6): 680 – 693.

[78] WEST M A. Parkling fountains or stagnant ponds: an integrative model of creativity and innovation implementation in work groups [J]. Applied psychology: an international review, 2002, 51 (3): 355 – 424.

[79] WIERSEMA M F, BANTEL K A. Top management team demography and corporate strategic change [J]. Academy of management journal, 1992, 35 (1): 91 – 121.

[80] WILLIAMS J R. How sustainable is your competitive advantage? [J]. California management review, 1992, 34 (2): 29 – 51.

[81] YI C, XU X, CHEN C, et al. Institutional distance, organizational learning, and innovation performance: outward foreign direct investment by Chinese multinational enterprises [J]. Emerging markets finance and trade, 2020, 56 (2): 370 – 391.

[82] ZENGER T, LAWRENCE B. Organizational demography: the differential effects of age and tenure distributions on technical communications [J]. Academy of management journal, 1989 (2): 353 – 376.

# 附　录

## 创新机会识别与技术创业型企业成长研究
## 调查问卷

尊敬的女士/先生：

您好！感谢您对本次研究工作的支持和帮助！

本次调查是某大学开展旨在探讨基于高管团队认知视角下创新机会识别与技术创业型企业成长问题。本次调研完全用于学术研究，请您根据企业的实际情况，选择您认为符合的答案即可。问卷内容不会涉及您所在企业的商业机密，我们也承诺问卷中的全部信息予以保密，绝不用于商业用途。再次感谢您的大力协助，祝您工作顺利！

### 第一部分：企业背景信息

1. 企业名称：_____。

2. 企业所在地区：_____省_____市。

3. 企业成立年份：_____。

4. 企业职工人数（概述即可）：_____。

5. 您的年龄：_____。

6. 您的性别：_____。

7. 您在企业中主要担任_____。

8. 企业性质为（　　　）。

A. 国有　　　　　　　B. 民营　　　　　　　C. 外资

D. 中外合资　　　　　E. 外商独资　　　　　F. 其他

9. 企业主营业务所属行业（　　　　　　　）（可多选）。

A. 电子信息　　　　　B. 节能环保　　　　　C. 生物医药

176

D. 新能源　　　　　　E. 新材料　　　　　　F. 航空航天

G. 光机电一体化　　　H. 船舶制造　　　　　I. 核应用技术

J. 其他

10. 企业近两年平均销售总额约为（　　　）元。

A. 100 万以下　　　　B. 100 万～500 万　　C. 500 万～1000 万

D. 1000 万～5000 万　E. 5000 亿～1 亿　　　F. 1 亿～3 亿

G. 3 亿～10 亿　　　　H. 10 亿以上

11. 您的教育背景为（　　　）。

A. 初中或以下　　　　B. 高中　　　　　　　C. 专科

D. 大学本科　　　　　E. 硕士　　　　　　　F. 博士

12. 您所学的专业为（　　　　　　）。

A. 科学工程（理、工、农、医）　　　B. 经济管理　　　C. 法律

D. 人文艺术（文、史、哲、社）　　　E. 其他

13. 您在企业中任职情况为（　　　　　）。

A. 一线员工　　　　　　　B. 基层管理者

C. 中层管理者　　　　　　D. 高层管理者

14. 您所从事的工作属于（　　　　　）。

A. 管理　　　　　　　　B. 技术　　　　　　C. 生产

D. 营销　　　　　　　　E. 采购　　　　　　F. 其他

15. 您在企业的工作年限为（　　　　　）。

A. 1 年以下　　　　　　B. 1～2 年　　　　　C. 3～5 年

D. 6～10 年　　　　　　E. 10 年以上

16. 在整个职业生涯中，您工作时间最长的职能领域为（　　　　　　）。

A. 营销管理　　　B. 财务会计　　　　C. 投资管理　　　D. 人力资源

E. 生产制造　　　F. 研发与工程技术　　G. 法律

**第二部分：关于高管团队认知的测量问卷**

　　本部分的以下问题项的回答采用 5 分制表示您对每个问题的同意程度，请您在每个选项栏填写相应的数字即可，谢谢您的合作！

附表1　高管团队认知的测量问卷

| 分类 | 问题项 | 选项（填数字）：<br>1 = 非常同意<br>2 = 比较同意<br>3 = 同意<br>4 = 比较不同意<br>5 = 非常不同意 |
|---|---|---|
| 高管团队<br>学习氛围 | 企业高管团队获取信息和知识的渠道广泛多样 | |
| | 企业高管团队能够了解到最新的行业发展前沿知识 | |
| | 企业高管团队能够很快识别外部新知识的用处 | |
| | 外部信息能够在团队内部自由流动 | |
| | 企业高管团队内部相互分享知识和经验非常普遍 | |
| | 企业高管团队成员之间能经常进行交流和沟通 | |
| 高管团队<br>学习经历 | 企业高管团队成员的学历大多是本科及以上 | |
| | 企业高管团队成员大多毕业于"双一流"高校 | |
| | 企业高管团队成员拥有不同的专业知识 | |
| | 企业高管团队成员拥有互补的知识技能 | |
| | 企业高管团队与大学和科研机构联系频繁 | |
| | 企业高管团队成员参加行业技术讲座/研讨会次数<br>频繁 | |
| 高管团队<br>职业经历 | 企业高管团队成员拥有不同的工作经历 | |
| | 企业高管团队成员的职业经历丰富 | |
| | 企业高管团队成员拥有互补的职业技能 | |
| | 企业高管团队成员的工作年限大多超过5年 | |
| 高管团队<br>年龄 | 企业高管团队成员年龄范围相差很大 | |
| | 企业高管团队成员年龄层分布均衡 | |

## 第三部分：关于创新机会识别的测量问卷

本部分的以下问题项的回答采用5分制表示您对每个问题的同意程度，请您在每个选项栏填写相应的数字即可，谢谢您的合作！

**附表 2　创新机会识别的测量问卷**

| 分类 | 问题项 | 选项（填数字）：<br>1 = 非常同意<br>2 = 比较同意<br>3 = 同意<br>4 = 比较不同意<br>5 = 非常不同意 |
|---|---|---|
| 创新机会<br>的搜寻 | 企业经常从新闻、报告、展览中寻找创新机会 | |
| | 企业经常有意识地收集相关的商业创意 | |
| | 企业经常跟其他企业交流以获取新的创新信息 | |
| 创新机会<br>的筛选 | 企业每年都会划出一定的资金和其他资源支持企业的研发创新活动 | |
| | 企业有专门的技术团队对潜在的商业创意或创新项目进行可行性分析论证 | |
| | 企业有专门的团队或部门对潜在的商业创意或创新项目进行严格审查 | |
| | 企业经常关注同行业其他企业类似创新项目的研发情况 | |
| 创新机会<br>的确认 | 为开发该项创新机会，企业开发新的技术或工艺以提供产品和服务 | |
| | 为开发该项创新机会，企业重视发展专利、版权或商标等智力资本 | |
| | 为开发该项创新机会，企业在式样、包装、服务等方面进行改进以推出新产品或新服务 | |
| | 为开发该项创新机会，企业应用现有技术和工艺流程或对其进行改进 | |
| | 为开发该项创新机会，企业对营销方式（如价格、促销手段、销售渠道等）进行调整与改进 | |

**第四部分：关于技术创业型企业成长的测量问卷**

本部分的以下问题项的回答采用 5 分制表示您对每个问题的同意程度，请您在每个选项栏填写相应的数字即可，谢谢您的合作！

附表 3　技术创业型企业成长的测量问卷

| 分类 | 问题项 | 选项（填数字）：<br>1 = 非常同意<br>2 = 比较同意<br>3 = 同意<br>4 = 比较不同意<br>5 = 非常不同意 |
|---|---|---|
| 创新绩效 | 企业利用创新机会提高了产品或服务的范围 | |
| | 企业利用创新机会提高了生产能力 | |
| | 企业利用创新机会降低了产品的开发成本 | |
| | 企业利用创新机会使产品的质量得到了提高 | |
| 经营绩效 | 相对于竞争对手的净利润水平较高 | |
| | 相对于竞争对手的企业净资产回报率较高 | |
| | 对于竞争对手的市场占有率较高 | |
| | 相对于竞争对手的销售收入增长率较快 | |

问卷调查到此结束，再次感谢您的参与和帮助！祝您万事如意！祝贵公司基业长青！